AF359068

ÉTUDES DE SOCIOLOGIE

V

LE SALAIRE

PAR

L. GARRIGUET P. S. S.

Supérieur du Grand séminaire d'Avignon

PARIS

LIBRAIRIE BLOUD & Cie

4, RUE MADAME ET RUE DE RENNES, 59

1903

SCIENCE ET RELIGION

Études pour le temps présent. — Prix : 0 fr. 60 le vol.

— **Certitudes scientifiques et certitudes philosophiques**, par le R. P. DE LA BARRE, S. J., prof. à l'Institut catholique de Paris.   1 vol.
— *Du même auteur :* **L'Ordre de la nature et le Miracle.**   1 vol.
— **L'Ame de l'homme**, par J. GUIBERT, supérieur du séminaire de l'Institut catholique de Paris.   1 vol.
— **Faut-il une religion ?** par l'abbé GUYOT.   1 vol.
— *Du même auteur :* **Pourquoi y a-t-il des hommes qui ne professent aucune religion ?**   1 vol.
— **Nécessité scientifique de l'existence de Dieu**, par P. COURBET.   1 vol.
— *Du même auteur :* **Jésus-Christ est Dieu.**   1 vol.
    id.   **Convenance scientifique de l'Incarnation.**   1 vol.
— **Études sur la pluralité des mondes habités et le dogme de l'Incarnation**, par le R. P. ORTOLAN.
  I. — *L'Epanouissement de la vie organique à travers les plaines de l'infini.*   1 vol.
  II. — *Soleils et terres célestes.*   1 vol.
  III. — *Les Humanités astrales et l'Incarnation.*   1 vol.
— *Du même auteur :* **La Fausse Science contemporaine et les Mystères d'Outre-tombe.**   1 vol.
    id.   **Vie et Matière ou Matérialisme et spiritualisme en présence de la Cristallogénie.**   1 vol.
    id.   **Matérialistes et Musiciens.**   1 vol.
— **L'Au-delà ou la Vie future d'après la foi et la science**, par l'abbé J. LAXENAIRE.   1 vol.
— **Le Mystère de l'Eucharistie. — Aperçu scientifique**, par l'abbé CONSTANT.   1 vol.
— *Du même auteur :* **Le Mal**, sa nature, son origine, sa réparation.   1 vol.
— **L'Eglise catholique et les Protestants**, par G. ROMAIN.   1 vol.
— *Du même auteur :* **L'Inquisition**, son rôle religieux, politique et social.   1 vol.
— **Mahomet et son œuvre**, par I. L. GONDAL, professeur d'apologétique et d'histoire au séminaire Saint-Sulpice.   1 vol.
— *Du même auteur :* **L'Eglise Russe.**   1 vol.
— **Christianisme et Bouddhisme** (*Etudes orientales*), par l'abbé THOMAS, vicaire général de Verdun.   2 vol.
— *Du même auteur :* **Dieu auteur de la vie.**   1 vol.
    id.   **La Fin du monde d'après la Foi.**   1 vol.
— **Où en est l'hypnotisme**, son histoire, sa nature et ses dangers, par A. JEANNIARD DU DOT, auteur du *Spiritisme dévoilé*.   1 vol.
— *Du même auteur :* **Où en est le Spiritisme.**   1 vol.
    id.   **L'Hypnotisme et la science catholique.** 1 vol.
    id.   **L'Hypnotisme transcendant en face de la philosophie chrétienne.**   1 vol.

SCIENCE ET RELIGION
Etudes pour le temps présent

ÉTUDES DE SOCIOLOGIE

V

LE SALAIRE

PAR

L. GARRIGUET P. S. S.

Supérieur du Grand séminaire d'Avignon

PARIS

LIBRAIRIE BLOUD & Cⁱᵉ

4, RUE MADAME ET RUE DE RENNES, 59

1903

Tous droits réservés.

Paris, le 2 février 1903.

LE SALAIRE

PREMIÈRE PARTIE

Salariés, Salaire et Salariat

—

CHAPITRE I

DU SALARIÉ

I. — Ce qu'on entend par un salarié.

Si l'on jette les yeux autour de soi, à côté de quelques oisifs qui coulent dans le désœuvrement une existence inutile, l'on voit l'immense majorité des hommes occupés à travailler et à produire. — Les uns travaillent pour conserver ou accroître une fortune qui les met à l'abri du besoin et grâce à laquelle ils pourraient se permettre d'être dans la société de simples consommateurs. — Les autres travaillent parce que le travail leur est nécessaire, qu'il est leur unique moyen de subsistance, et qu'ils doivent demander à un labeur de tous les jours plus ou moins assujétissant et pénible leur pain quotidien et celui de leur famille.

Parmi les travailleurs de cette dernière catégorie un certain nombre travaillent *à leur compte*, ils appliquent leur activité sur des objets qui leur appartiennent et dont ils vendent ensuite les produits, lorsqu'ils ne les consomment pas ou ne les emploient pas à la création de nouvelles utilités économiques. Tels sont : le petit propriétaire qui cultive son propre champ ; le pêcheur maître de sa barque et de ses filets : l'artisan qui transforme avec un métier à lui des matières premières qui lui appartiennent. Chacun de ces producteurs *autonomes* garde pour lui l'intégralité du produit de son travail, que nul, en droit si non en fait, ne songe à lui disputer.

A côté des travailleurs *autonomes*, il y a les travailleurs *salariés*, ceux-ci ne disposent pour ainsi dire que de leurs bras, de leur savoir faire ou de leur intelligence. Ils ne possèdent rien sur quoi ils puissent appliquer leur force de travail. Leur puissance productive ils sont obligés, s'ils veulent l'utiliser, de la mettre au service d'un autre qui la leur paie. Ils la lui louent pour un temps ou pour un ouvrage déterminés, et cela moyennant le versement d'une somme d'argent ou de toute autre utilité, qui ne constitue pas toujours un juste équivalent du service rendu. Le produit devient la propriété exclusive, non de celui qui a fait le travail, mais de celui qui a loué le bras du travailleur, c'est-à-dire la propriété exclusive du *patron* ou *entrepreneur* Le travailleur n'a droit qu'à son *salaire*.

On peut, à la rigueur, appeler *salarié* quiconque met son activité au service d'un autre et en retire une rétribution, peu importe qu'il la mette au service de l'État, comme les fonctionnaires ; de la société comme les avocats, les médecins, etc ; d'un maître comme les domestiques ; d'un patron comme les ouvriers. Cependant dans la langue économique, comme d'ailleurs dans la langue vulgaire, ce nom de *salarié* désigne plus particulièrement un homme louant son travail et employé par un *patron*.

II. — Nombre énorme des salariés.

Ceux qui sont ainsi obligés de vendre « leur force de travail », pour employer le langage de Karl Marx, sont aujourd'hui légion. Ils forment la partie de beaucoup la plus considérable des travailleurs. Il y eut de tout temps des salariés, mais jamais peut-être autant qu'aujourd'hui. Notre pays est un de ceux où les producteurs autonomes sont les plus nombreux et pourtant on en compte à peine 5 000 000. Ce qui ne représente pas, en y joignant les membres de leurs familles, la moitié de la population française. C'est avec raison que P. Leroy-Baulieu a écrit : « Le salaire gagne tous les jours du terrain par la suppression d'une foule de petits entrepreneurs, par la disparition de beaucoup d'industries rudimentaires, par la concentration des grandes industries et du commerce tant de gros que de détail. L'organisation de plus en plus bureaucratique de la société moderne multiplie le nombre des salariés. Autrefois il n'y avait guère que la classe ouvrière qui reçut un salaire ; aujourd'hui presque toute la classe bourgeoise en reçoit. Elle est, en effet, presque tout entière dans les vastes cadres des admitrations d'État ou des grandes sociétés anonymes. Voyez que d'employés dans les bureaux des chemins de fer, des compagnies d'assurances, des sociétés de crédit, des compagnies de gaz, d'eaux, de charbonnage, de métallurgie. Tout ce monde est salarié (1) ! »

CHAPITRE II

DU SALAIRE

I. — Ce qu'on entend par salaire.

1° Pris dans son acception la *plus large* le mot salaire sert à désigner tout revenu touché par un homme en échange de son travail. Ainsi entendu il s'applique aussi bien au profit que le producteur autonome tire de son travail, qu'à la rémunération que perçoit l'ouvrier travaillant pour autrui. C'est parce qu'il prenait *salaire* dans ce sens, que Mirabeau a pu affirmer « que tous les hommes, sauf les voleurs et les mendiants, sont des salariés. » Les économistes classiques l'entendent en

(1) P. LEROY-BAULIEU ; *Répartitions des richesses* p. 376.

grand nombre de la même façon, aussi font-ils entrer les propriétaires eux-mêmes et les rentiers dans la catégorie des salariés.

2° Pris dans une acception *plus restreinte* le mot *salaire* ne désigne plus *tout* revenu retiré d'un travail, mais seulement le revenu d'un travail fait pour le compte d'un autre. De la sorte ne serait pas salaire le profit d'un producteur autonome ; mais seraient salaires les appointements du fonctionnaire, les gages du domestique, les honoraires du médecin, aussi bien que la paie du mineur ou de l'ouvrier métallurgiste.

3° Pris dans son acception *ordinaire* et même *économique*, le mot *salaire* sert à qualifier non point tout mode de rémunération du travail, même du travail fait pour autrui ; mais seulement un mode très spécial, à savoir : le prix du travail loué et employé par un *patron*. Le salaire ainsi entendu comprend les traitements et appointements des contremaîtres, des employés de commerce, des ingénieurs et des directeurs d'usine, non moins que la paie quotidienne ou hebdomadaire des manœuvres et des ouvriers. Pourtant dans le langage usuel on réserve le nom de salaire à la rémunération des travailleurs *manuels*, parce que les travailleurs de cette catégorie forment la majorité de ceux qui reçoivent des salaires explicites et dégagés.

Le salaire ramené à ce concept restreint mais courant, peut être défini : *la rémunération versée à l'ouvrier par le patron pour le travail qu'il en reçoit*. Cette rémunération est réglée à forfait par le contrat bilatéral, exprès ou tacite, de *louage de services*, qui intervient entre le patron et l'ouvrier. En vertu du caractère spécial de ce contrat, l'ouvrier doit être payé quel que soit le résultat ultérieur de l'entreprise. Il est mis à l'abri de tout risque à cet égard et le salaire lui est intégralement versé à des échéances fixes et rapprochées. Mais, en revanche, il perd tout droit sur le produit de son propre travail. Le patron devient, moyennant le paiement du salaire convenu, maître exclusif du produit et de la valeur de ce produit.

II. — Modes possibles de rétribution du travail de l'ouvrier.

Ces modes peuvent se ramener à trois : — le salaire proprement dit ; — la participation pure et simple aux bénéfices ; — le système mixte, c'est-à-dire un salaire fixe complété par une certaine participation aux bénéfices.

1° *Système du salaire proprement dit.* Dans ce système le patron paie à son ouvrier, en espèces ou en nature, un prix fixe, débattu et déterminé à l'avance. Le prix payé il ne lui donne plus rien, quelque considérables que soient les bénéfices qu'il réalise. En revanche s'il y a des pertes le patron les supporte seul. Même dans ce cas l'ouvrier a droit de toucher et de retenir l'intégralité de son salaire. Ce n'est pas le seul mode de rémunération qui soit aujourd'hui employé, mais c'est celui qui l'est généralement.

A côté de ce salaire *ordinaire* se place le salaire à *échelle mobile*, qui est assez pratiqué en Angleterre sous le nom de *sliding scales*, surtout dans l'industrie minière. Avec l'échelle mobile, le prix du travail reste fixe et immédiatement payé, seulement cette fixation faite d'un commun accord par les patrons et les ouvriers varie suivant le temps et les circonstances, elle monte ou descend par périodes suivant que monte ou descend le cours du produit fabriqué. L'échelle mobile n'a rien de commun avec un pourcentage quelconque sur les bénéfices venant s'ajouter au salaire de l'ouvrier. Dans ce système le mineur aurait, par exemple, 9 francs par tonne extraite lorsque le prix du charbon serait de 20 francs la tonne ; 10 fr. 50 lorsque ce prix serait de 22 francs.

Souvent le système de salaire simple est complété par le système des *primes*. La *prime* c'est une part que l'on donne à l'ouvrier sur les économies qu'il opère soit sur les matières premières employées, soit sur l'entretien et l'alimentation des machines. Ainsi normalement on donne tant de charbon et tant de graisse ou d'huile par jour à un mécanicien pour faire marcher sa machine, s'il ne dépense pas la totalité de cette

houille, de cette huile, ou de cette graisse, le patron lui
en tient compte et, en dehors du salaire, lui accorde
une gratification qui représente la valeur d'une partie
de la houille ou de la graisse économisées.

2° *Système de la participation pure et simple aux
bénéfices*. Dans ce système, nulle part appliqué et très
difficilement applicable, le contrat entre le patron et
les ouvriers n'est plus un contrat de *louage de service*,
mais un contrat de *société*. Le patron, sous forme de
matière première, d'outillage, d'avances, apporte ses
capitaux ou des capitaux empruntés, pour les faire
fructifier ; l'ouvrier, lui, apporte son travail, ses forces,
son intelligence. Ils mettent tout cela en commun,
produisent d'accord et partagent ensuite les profits à
un prorata à l'avance établi entr'eux. C'est l'association pacifique et féconde du capital et du travail en
vue de la production.

Ce système de rétribution qui, théoriquement, paraît le
plus équitable puisqu'il attribue à chacun des facteurs
de la production la part exacte qui lui revient dans la
distribution des bénéfices, n'est malheureusement pas
pratique. Il offre des inconvénients et même des im-
possibilités. Rigoureusement appliqué il aurait comme
conséquence. — a) d'abord que les ouvriers en cas de
non réussite de l'entreprise devraient participer aux
pertes dans la proportion même où en cas de succès
ils auraient participé aux bénéfices ; — b) ensuite que,
même en cas de succès, les ouvriers, tout comme le
patron, devraient attendre pour toucher leur part de
profit que le produit fut écoulé, ce qui demande souvent un temps considérable. Or la situation de l'ouvrier, au point de vue pécuniaire, ne lui permet pas de
s'exposer aux chances d'une entreprise et de supporter
des pertes ; elle ne lui permet pas davantage, étant
donné qu'il n'a la plupart du temps aucune avance,
d'attendre pendant des mois et à plus forte raison pendant des années la rémunération de son travail. Il lui
faut nécessairement toucher une rémunération pour
vivre, et la toucher au fur et à mesure qu'il produit, car
ses besoins sont de tous les instants et il n'a pour y
faire face que le fruit de son labeur de chaque jour.

D'ailleurs, l'ouvrier pourrait-il attendre longtemps son salaire et même s'exposer sans inconvénient aux risques d'une perte, comment arriver à fixer d'une manière exacte et à l'amiable la part qui, dans le bénéfice final d'une entreprise, revient au Capital et celle qui revient au Travail ? Le problème est tellement complexe, tellement délicat qu'on peut le regarder comme pratiquement insoluble. En Angleterre quelques essais ont été tentés. Les *Trades Unions* sont, à plusieurs reprises, entrées en relation avec les patrons pour discuter et arrêter ce qui, dans les profits de telle ou telle entreprise, reviendrait aux ouvriers ; mais jamais et nulle part le système intégral de la participation aux bénéfices n'a été employé dans l'industrie comme moyen de rétribution ouvrière.

3° *Système mixte, ou système du salaire fixe complété par une certaine participation aux bénéfices.* — Ce système consiste non pas à associer les ouvriers au patron, mais à les intéresser à l'entreprise en leur donnant une part du bénéfice. Ce qui caractérise ce mode de rémunération c'est que les ouvriers reçoivent, outre leur salaire fixe, *tant pour cent* sur les profits. En fin d'exercice le patron attribue à son personnel, en vertu d'un contrat proprement dit, une part des bénéfices constatés, sans aucune participation possible aux pertes pour les ouvriers. Cette organisation offre l'avantage : — a) d'attacher les ouvriers à leur industrie et de les porter à la rendre prospère en stimulant leur zèle par l'appât d'un supplément de salaire ; — b) d'établir des relations plus cordiales entre le patron et les ouvriers ; — c) de donner plus de stabilité aux engagements, l'ouvrier étant retenu par le désir de toucher le pourcentage qui sera distribué à la fin de l'exercice seulement. A côté de grands avantages ce *système mixte* offre de grosses difficultés en obligeant le patron à montrer ses livres et à produire sa comptabilité pour établir qu'il donne bien aux ouvriers la part de bénéfice qui leur revient d'après les conventions arrêtées. Aussi, quoiqu'il ait été essayé dans un certain nombre d'industries, il ne s'est jamais beaucoup répandu. En France comme à l'étranger, malgré un certain regain de faveur à l'heure présente, il a toujours été pratiqué dans des limites restreintes. Au fond il se réduit à un supplément de salaire et à une sorte de subvention.

De cette participation aux bénéfices il faut rapprocher la participation indirecte connue sous le nom de *majorations*. Elle consiste dans un supplément de salaire, dans un *sursalaire*, que le patron accorde à des ouvriers qui produisent une quantité de travail ou plus achevé, ou plus rapide ou plus considérable que les autres. Ces majorations fixes, proportionnelles ou progressives sont d'un usage fréquent, mais non général. Ce système, qui stimule lui aussi le zèle de l'ouvrier et le lie d'intérêt avec son patron, mais ne lui donne pas le droit de voir les livres ou de s'immiscer dans la direction, offre d'incontestables avantages, cependant il ne résout pas le problème si délicat et si complexe du juste partage des bénéfices (1).

III. — Diverses catégories de salaires.

1° Salaire *nominal* et salaire *réel*. — Le salaire *nominal*, c'est la somme d'argent que l'ouvrier touche pour son travail. — Le salaire *réel*, c'est la quantité de denrées ou d'autres objets utiles que l'ouvrier peut se procurer avec cette somme d'argent. L'argent en lui-même n'a qu'une valeur d'échange ; ce qui en fait le prix, c'est la faculté de pouvoir être troqué contre des choses nécessaires à la vie. Mais avec la même somme on n'a pas partout et toujours les mêmes objets; ceux-ci subissent des hausses et des baisses, et avec 4 francs dans certains cas on aura moins de la même marchandise que, dans d'autres circonstances, avec 3 francs. Par conséquent, quand on veut se rendre un compte exact de ce que gagne véritablement un ouvrier il faut moins considérer la somme qu'il touche que les utilités que

(1) Assez souvent au salaire et aux majorations viennent s'ajouter ce que l'on appelle des *subventions*. On désigne par ce mot divers avantages accordés par les patrons à leurs ouvriers sous forme de logement à prix réduit, de bons de chauffage, de secours aux malades, de subsides à la caisse des retraites etc.

cette somme lui permet d'acquérir. Il y a eu des temps où un ouvrier ne gagnait que 3 sous par jour, mais à cette époque un poulet ne coûtait qu'un demi sou et un cent d'œufs 6 sous; le reste était à l'avenant. Dans ces conditions avec ses 3 sous de salaire l'ouvrier d'alors se trouvait de fait plus payé que ne l'est l'ouvrier d'aujourd'hui avec ses 5 francs.

2° Salaire en *espèces*, salaire en *nature* et salaire *mixte*. — Généralement le salaire de l'ouvrier lui est payé en argent, c'est le salaire en *espèces*; — quelques fois il l'est en denrées, ou en marchandises; c'est le salaire en *nature*; — d'autres fois il l'est partie en argent et partie en denrées ou marchandises, c'est le salaire *mixte*.

Sous le nom de *truck system*, des patrons, dans un but humanitaire d'abord, intéressé pour plusieurs depuis, se sont mis à distribuer chaque jour à leurs ouvriers des jetons de présence. Chacun de ces jetons a une valeur convenue qui permet de se procurer telles marchandises et en telles quantités, dans des magasins ou appartenant au patron ou désignés par lui. La valeur des jetons utilisés est ensuite retenue sur la paie. A cause des abus et des exploitations auxquelles le *truck system* a donné lieu, il a perdu la plus grande partie de son ancienne vogue.

3° Salaire *au temps* et salaire *aux pièces*. — Dans le salaire *au temps* l'ouvrier est payé tant par heure, tant par jour ou tant par mois de travail (1); — dans le

---

(1) Le salaire *à l'heure*, le seul applicable dans un certain nombre d'industries, a l'avantage d'assurer à l'ouvrier un salaire fixe et d'éviter tout surmenage; mais il a l'inconvénient de ne pas faire généralement une différence suffisante entre le bon ouvrier et l'ouvrier ordinaire; de favoriser la paresse du mauvais ouvrier, qui produit le moins possible n'ayant d'autre préoccupation que celle de faire juste ce qui est nécessaire pour ne pas être remarqué et renvoyé; d'obliger le patron à une surveillance minutieuse qui devient facilement pénible pour les ouvriers et peut rendre encore plus aiguë l'hostilité malheureusement trop générale qu'éprouvent les travailleurs à l'égard de ceux qui les emploient.

salaire *aux pièces*, autrement dit, salaire *à la façon* ou *à la tâche* l'ouvrier n'est pas payé proportionnellement au temps, mais proportionnellement à l'ouvrage fait. Le patron donne tant par tonne de houille extraite, tant par mètre d'étoffe ou de ruban tissé, tant par paire de chaussures confectionnées. Les ouvriers *à la tâche* travaillent tantôt à l'usine des patrons tantôt chez eux, et dans ce dernier cas il n'est pas rare qu'ils associent à leur travail, pour produire davantage et augmenter le salaire, leur femme et leurs enfants (1).

Le travail *à la tâche* peut être pratiqué de trois manières différentes: — tantôt par un ouvrier qui travaille seul et reçoit immédiatement du patron travail et salaire; — tantôt par une équipe d'ouvriers c'est-à-dire par un certain nombre d'ouvriers associés pour exécuter ensemble un ouvrage et se partageant ensuite entr'eux le prix du travail; — tantôt au *marchandage*. Le *marchandage* est le régime dans lequel un ouvrier prend à forfait pour son compte personnel un ouvrage qu'il fera exécuter, au moins en très grande partie, par d'autres. Cet ouvrier, qu'on appelle tâcheron, est en réalité un sous-entrepreneur. Il ne partage pas le bé-

(1) Le travail *à la tâche* offre d'incontestables avantages: il proportionne mieux la rémunération au travail fourni, que le salaire *au temps*; — il fait que l'ouvrier laborieux gagne davantage, généralement du moins ; — il stimule l'activité du travailleur qui touchera un salaire d'autant plus grand qu'il produira en plus grande quantité; — il le rend plus indépendant du patron, le soustrait à la surveillance, toujours mal supportée, des contremaîtres; — il lui permet de vivre un peu plus de la vie de famille en lui donnant la facilité de travailler dans sa propre maison au milieu des siens et parfois avec leur concours... Mais il a l'inconvénient grave de faire tendre à la quantité au détriment de la qualité. L'ouvrier tient à produire beaucoup, il produit le plus vite possible pour arriver à un salaire plus considérable et il néglige de donner à son travail tout le soin et tout le fini nécessaires.

Les *socialistes* ont toujours été très opposés au travail *à la tâche* ; ils ne lui reconnaissent aucun avantage sérieux et lui trouvent des inconvénients très graves, que Karl Marx énumère au chapitre XXI de son livre : *le Capital*.

néfice avec ceux qu'il emploie, il ne leur donne que le salaire convenu et c'est sur leur travail, et en quelque sorte à leurs dépens, qu'il prélève son profit.

4° Salaire *direct* et salaire *indirect.* — Le salaire *direct* c'est tout ce qui est donné à l'ouvrier par le patron en vertu des conventions arrêtées entr'eux. Il comprend le salaire proprement dit ou *ordinaire,* et le salaire improprement dit ou *extraordinaire.* Le salaire extraordinaire est formé par les sursalaires, les primes et les participations aux bénéfices. — Le salaire *indirect,* n'est autre chose que les *subventions* accordées par le patron à titre purement gracieux. A cette catégorie appartiennent les bons de chauffage, les logements à prix réduits, les secours aux malades, les subsides aux caisses de retraite etc, etc...

5° Salaire *minimum* et salaire *maximum.* — Le salaire *minimum* est celui qui arrive à donner à l'ouvrier tout juste ce dont il ne saurait se passer s'il veut vivre, entretenir et réparer ses forces et se perpétuer. — Le salaire *minimum légal* est celui qui serait fixé par l'Etat qui, pour empêcher l'exploitation du travailleur et de ses besoins, déterminerait lui-même un taux de salaire au-dessous duquel il serait interdit au patron de descendre, comme pour empêcher l'exploitation de l'emprunteur il fixe un taux d'intérèt au dessus duquel il est défendu au prêteur de monter. — Le salaire *maximum* est ce salaire extrême que le patron ne saurait dépasser sans cesser de faire ses frais et par conséquent sans cesser d'avoir intérêt à faire travailler. Il ne peut aller au delà sans se trouver sans bénéfice et même en perte ; l'y contraindre, c'est le mettre dans la nécessité de fermer son usine ou de renoncer à son exploitation.

6° *Juste* salaire et salaire *conventionnel.* — Le *juste* salaire est celui qui rémunère d'une façon équitable le travail de l'ouvrier et assure à celui-ci dans la répartition des profits une part proportionnée à la part que son travail a eue dans la production. Ce *juste* salaire, comme nous le verrons plus tard, n'est pas facile à déterminer. — Le salaire *conventionnel* est celui qui a été discuté et arrêté entre le patron et l'ouvrier. Il est le résultat d'un contrat ou convention synallagmatique. Il peut s'élever jusqu'au *juste* salaire et se confondre avec lui, comme aussi il peut lui rester inférieur et alors constituer une violation des droits de l'ouvrier et une exploitation de ses besoins. Si les règles de la justice étaient scrupuleusement observées, le salaire *conventionnel* et le *juste* salaire ne se distingueraient que de nom.

A ces deux espèces de salaire, certains, surtout depuis l'Encyclique *Rerum novarum*, croient devoir ajouter le salaire *équitable*. « Le salaire équitable est celui qui est conforme à l'équité, vertu dont le propre est de rétribuer spontanément et non par obligation de justice commutative. L'équité n'est pas purement gratuite comme la charité, mais elle suppose dans le donataire un titre imparfait, une convenance de proportion, qui demande en vertu de la rectitude naturelle, une rémunération correspondante. Si, par exemple, un ouvrier déjà engagé à la journée par un contrat de travail, travaille beaucoup plus et beaucoup mieux que les autres, lui donner un supplément de salaire n'est pas exigé par la stricte *justice*, mais est demandé par l'*équité*. » (1)

Comme cette *équité* est quelque chose de bien vague, il ne paraît pas très utile de créer une troisième catégorie de salaire et d'inventer un principe d'obligation qui tienne le milieu entre la *justice* et la *charité*.

7° Salaire *individuel* et salaire *familial*. — Le salaire *individuel* est celui pour la fixation duquel on n'envisage l'ouvrier que comme individu isolé. On se préoccupe seulement de lui assurer ce qui lui est nécessaire pour faire face à ses besoins *personnels*. On fait abstraction de la femme et des enfants qu'il peut avoir à sa charge. — Dans le salaire *familial* on considère l'ouvrier comme il est habituellement, à la tête d'une famille à laquelle par son travail il doit assurer le pain de chaque jour. Pour déterminer ce salaire on ne tient pas compte seulement des besoins de l'ouvrier, mais aussi des besoins des siens. Le salaire *familial* est

____

(1) P. ANTOINE : *Cours d'Economie sociale*, p. 591.

celui qui correspond aux exigences d'entretien d'une famille ouvrière.

On a conçu de bien des manières le salaire *familial,* et tous ceux qui ont disserté sur ce sujet sont loin de s'en faire la même idée. — Les uns sont pour un salaire familial *relatif;* — d'autres pour un salaire familial *absolu ;* — d'autres enfin pour un salaire familial *collectif.*

(a) Les partisans du salaire familial *relatif,* de tous les plus radicaux, prenant pour point de départ cette affirmation de l'Encyclique *Rerum novarum,* que « le salaire ne doit pas être insuffisant à faire subsister l'ouvrier sobre et honnète, » veulent que chaque ouvrier reçoive un salaire capable de le faire vivre avec toute sa famille, à quelque taux que s'élèvent les besoins de cette famille et quel que soit le nombre des enfants. En sorte que, pour un même travail, l'ouvrier père de famille a droit à un plus fort salaire que le célibataire ; le père d'une nombreuse famille à un plus fort salaire que le père d'un ou deux enfants ; d'où le nom de salaire *relatif.*

(b) Les partisans du salaire familial *absolu,* ne tiennent pas compte du nombre des enfants et des besoins particuliers d'une famille. Ils ne prétendent même pas qu'un salaire plus considérable soit plus dû à l'homme marié et père de nombreux enfants qu'au célibataire qui fait le même travail. Ils affirment seulement que *tout* bon ouvrier doit retirer de son travail une rémunération qui suffise à faire vivre une famille se trouvant dans des conditions ordinaires au point de vue du nombre, de la santé et des besoins. Le taux est le même pour tous ceux qui fournissent une même tâche.

(c) Les tenants du salaire familial *collectif* ne pensent pas que le salaire de l'ouvrier doive nécessairement être tel qu'il suffise à lui seul à subvenir aux besoins de toute une famille placée dans des conditions normales. Ils sont d'avis que ce sont les salaires réunis, le salaire collectif de tous les membres d'une famille qui doivent suffire aux besoins ordinaires, présents et futurs, de cette famille. Au travail du père ils joignent le travail de la mère et des enfants, — quand

la mère et les enfants peuvent travailler, — pour former le salaire familial.

8e Salaire *courant* et salaire *naturel* ou *nécessaire* ou *normal*. — Le salaire *courant* « est celui, dit Ricardo, que reçoit réellement l'ouvrier d'après les rapports de l'offre et de la demande, le travail étant cher quand les bras sont rares et à bon marché quand ils abondent (1). » Dans tout pays, pour un même métier et pour une même espèce de travail, il existe un taux déterminé de salaire ; c'est le prix courant du travail, le salaire *courant*. Ce taux n'est pas immuable, il monte ou il descend suivant les circonstances, il oscille entre le salaire maximum et le salaire minimum. Il varie suivant les pays et dans un même pays il diffère suivant les professions. Un manœuvre n'est pas payé comme un ouvrier, et un ouvrier maçon comme un ouvrier mécanicien ou orfèvre. — Le salaire *naturel*, appelé aussi par les économistes salaire *nécessaire* ou *normal*, n'est pas compris de la même façon par tout le monde. D'après les uns le salaire *naturel* doit se confondre avec le *juste* salaire et représenter ce qui, d'après le droit naturel revient à l'ouvrier pour son travail. D'après les autres, parmi lesquels il faut citer Smith, Ricardo, Malthus, Turgot, J. B. Say, Bastiat, Stuart Mill, H. George, le salaire *naturel*, c'est la somme rigoureusement indispensable à l'ouvrier pour vivre et se perpétuer dans sa condition sans accroissement ni diminution. — « En tout genre de travail, dit Turgot, il doit arriver et il arrive en effet que le salaire de l'ouvrier se borne à ce qui lui est nécessaire pour se procurer la subsistance. (2) » Pour ces Economistes le salaire *naturel* se confond toujours avec le salaire *minimum*, ce qui n'est pas exact. (3)

(1) *Lettres sur la liberté du commerce des grains*, t. I, p. 185.
(2) Turgot : *Réflexions*, t. I, p. 10.
(3) Lassale et la loi d'airain. C'est en partant de la théorie des Economistes de l'école de Smith sur le salaire *naturel* que le socialiste allemand Lassale en est arrivé à formuler ce qu'il a appelé la *loi d'airain* (das eherne Gesetz, das eiserne Lohngesetz) ; « nom sonore, dit M. Gide, et qui retentit dans tous les manifestes du parti

IV. — Importance de la question du salaire.

1° Cette question est importante en raison *du rôle qu'elle joue dans la crise sociale.* La question du salaire ne se confond pas absolument avec la question sociale. Elle n'en est qu'une partie, mais la partie principale, tellement principale que la question sociale serait bien près d'être résolue, si était résolue la question du salaire. Lorsque la distribution des profits se fera d'une manière donnant satisfaction aux légitimes revendica-

ouvrier comme le refrain d'une marseillaise socialiste. » — Voici comment Lassale formule sa fameuse loi. « La loi de fer qui, dans les conditions actuelles de la production, met le salaire dans la dépendance de l'offre et de la demande de travail, s'énonce comme il suit : la moyenne du salaire de travail reste toujours réduite à l'entretien nécessaire, communément en usage chez le peuple, pour la conservation de sa vie et sa reproduction. Tel est le point autour duquel s'agite continuellement, en oscillations de pendule, le salaire réel, sans jamais pouvoir s'élever longtemps au-dessus, ni s'abaisser longtemps au-dessous ; car autrement, par suite de l'amélioration du sort des travailleurs, il se produirait bientôt un accroissement de population ouvrière, suivi d'une offre plus grande de bras, laquelle ferait retomber le salaire à son premier état de baisse. Le salaire du travail, ne peut non plus rester longtemps fort au-dessous de cet entretien nécessaire à la vie, car alors on voit apparaître l'émigration, le célibat, l'interruption de la génération des enfants et finalement, par une suite naturelle de la misère, une diminution dans le nombre des travailleurs suivie d'une offre moindre de bras, laquelle a pour conséquence de ramener le salaire du travail à son premier état de hausse. Le salaire moyen réel du travail consiste donc dans le mouvement perpétuel autour de ce centre de gravité, où il faut qu'il retombe chaque fois qu'il est resté tantôt un peu au-dessus, tantôt un peu au-dessous. » — *Offenes Antwortschreiben ; Arbeiterlesebuch.* — Entre Lassale et les Economistes classiques anciens il n'y a que cette différence c'est que Lassale a signalé une *fatalité* là où les autres ont vu une *possibilité presqu'impossible à empêcher.* — Les classiques modernes ont abandonné les théories de Smith et n'admettent pas la *loi d'airain.* Voir leurs raisons dans Leroy Beaulieu : *Essai sur la répartition des richesses,* p. 15 et suivantes.

tions de ceux qui, à des titres divers, ont contribué à les produire, on ne connaîtra plus l'antagonisme des classes, les rivalités du Travail et du Capital, les soulévements et les menaces du prolétariat, les poussées révolutionnaires d'un quatrième état, en un mot ces luttes, ces crises, ces hostilités et ces heurts qui inquiètent les moins pessimistes et font redouter, pour un avenir prochain, des perturbations profondes et les pires renversements.

2° La question du salaire est importante en raison *du nombre et de la condition toute digne d'intérêt de ceux qu'elle concerne.* Elle intéresse de près ou de loin absolument tout le monde, mais elle intéresse d'une manière spéciale les ouvriers des villes, les travailleurs des campagnes, la multitude presqu'infinie de ces prolétaires, qui n'ont pour vivre et faire vivre leur famille que la rémunération de leur travail. Pour tous ces hommes la question du salaire est une question non seulement capitale, mais vitale. Elle met en cause leurs intérêts les plus chers : leur dignité, leur indépendance, leur bien-être, la tranquillité et le bonheur de leur foyer, le bien-être de leur famille, l'avenir de leurs enfants, le repos et la sécurité de leurs vieux jours.

3° La question du salaire est importante en raison *des relations qu'elle a avec une infinité d'autres questions capitales.* Elle est intimement liée : — à la question de la paix et de la conservation sociales menacées par les grèves, les révoltes, les théories subversives du Prolétariat qui se prétend indignement exploité par le Capital. C'est pour des difficultés de salaire que se produisent habituellement les cessations de travail et les désordres qui les accompagnent à peu près toujours ; — à la question de la moralité générale, car, comme le fait justement remarquer Léon XIII après saint Thomas, « l'usage d'une certaine abondance de biens extérieurs est indispensable à la pratique de la vertu ; (1) » — à la question de la conservation des qualités de la race, car, suivant que le salaire est suffisant ou non, les races s'étiolent dans les privations, la gêne, le sur-

____

(1) Encyclique : *Rerum novarum.*

menage, ou elles se développent grâce à une honnête aisance et à un convenable bien-être ; — à la si grave et si actuelle question de la dépopulation (1), et à un très grand nombre d'autres non moins importantes et non moins préoccupantes.

4° La question du salaire est importante enfin *en raison des difficultés de solution qu'elle présente*. « Le problème, dit Léon XIII, n'est pas aisé à résoudre, ni exempt de danger. Il est difficile, en effet, de préciser avec justesse les droits et les devoirs réciproques des riches et des prolétaires, des capitalistes et des travailleurs. Ce qui rend le problème encore plus périlleux c'est qu'il est exploité par des hommes de désordre et de mauvaise foi, habiles à obscurcir la vérité et à exciter les foules à la révolte (2) ». En même temps qu'elle est

(1) *Le salaire et la population*. Tous les Economistes reconnaissent que la question du salaire a une grande connexité avec la question de population. Si l'ouvrier ne gagne qu'un salaire insuffisant il ne peut songer à se marier et s'il se marie il est amené à limiter le nombre d'enfants. Il s'interdit de les mettre au monde manquant de ce qui est nécessaire pour les nourrir et les élever. Il s'est trouvé d'ailleurs des Economistes pour lui recommander sur ce point, ce qu'ils ont appelé « la sagesse et la retenue. » Malthus, leur chef, voit la principale cause de la misère dans un excédent de population. Aussi veut-il : 1° qu'un homme ne se marie que lorsqu'il s'est assuré des ressources suffisantes pour entretenir femme et enfants ; 2° que ceux qui sont mariés n'accroissent leur famille que dans la mesure de leurs ressources ; 3° que l'autorité civile refuse toute assistance aux enfants nés d'un mariage de nécessiteux ; 4° que le législateur se garde bien de favoriser le mariage du séducteur et de sa victime lorsque tous deux sont sans fortune... Ces tristes doctrines sont soutenues par toute une école qui ne craint pas de recommander à l'ouvrier la prévoyance conjugale, la stérilité systématique du mariage, la limitation volontaire de la fécondité. Les *malthusiens* modernes ont exagéré la « moral restraint » de leur maître et en sont arrivés à préconiser non pas seulement comme un droit, mais comme un devoir, des pratiques qu'on ne saurait trop flétrir au nom de la religion et de la morale.

(2) Encyclique : *Rerum novarum*.

des plus graves, la question du salaire est des plus
complexes, des plus délicates, des plus préoccupantes
parmi celles qui s'imposent à la sagacité des particuliers et à la sollicitude des pouvoirs publics.

CHAPITRE III

DU SALARIAT

I. — Notion du salariat.

Le mot de *salariat* est pris dans deux acceptions
toutes différentes. — 1° Il signifie l'ensemble des salariés. On dit *salariat* pour désigner la collectivité des
travailleurs qui sont payés à la journée, au mois ou à
l'année : comme on dit *patronat* pour désigner la collectivité de ceux qui les paient. Entendu dans ce sens,
salariat est synonime de prolétariat.

2° Le mot *salariat* désigne plus habituellement un *régime économique*, le régime qui a succédé au régime corporatif et sous lequel nous vivons actuellement. Il est ca-
ractérisé par ce fait qu'un nombre, relativement petit,
d'hommes se sont emparés des grandes entreprises, ont
comme monopolisé la production, tiennent en leurs
mains le commerce et l'industrie et obligent, moyennant une rétribution qu'ils lui paient, la multitude
presqu'innombrable des prolétaires à travailler et à
produire pour eux. Le travail est devenu une sorte de
marchandise soumise comme les autres aux vicissitudes
de la *loi de l'offre et de la demande*. L'ouvrier libre aujourd'hui, mais n'ayant pour vivre que ses bras, les
porte ainsi que son intelligence et son habileté professionnelle sur le marché, il les offre à un entrepreneur,
et son labeur, qui est pourtant une véritable continuation de sa personnalité, devient, comme un objet ordinaire, la matière d'une vulgaire convention. L'huma

nité se trouve de la sorte partagée en deux classes iné-
galement nombreuses, absolument distinctes et malheureusement rivales parce que trop souvent leurs in-
térèts sont en opposition : les Patrons et les Ouvriers ;
les Capitalistes et les Travailleurs.

II. — **Passé du salariat.**

Plusieurs prétendent que le salariat est d'origine relativement récente dans l'histoire économique, qu'il n'a
réellement apparu qu'avec l'organisation capitaliste, et
que ce n'est qu'après qu'a été brisé le vieux moule
corporatif qu'il est pleinement entré en scène. — Il est
vrai que c'est au XIXe siècle que ce régime s'est surtout
affirmé et développé, mais il est faux de dire que l'antiquité ne l'a à peu près pas connu et que le moyen âge
l'a presque complètement ignoré.

1° *Le salariat remonte très haut.* Il se perd dans la
nuit des temps. Chez les peuples les plus anciens on le
trouve établi. A côté des esclaves on voit des hommes
libres, qui travaillent pour les autres et reçoivent un
salaire comme rémunération de leurs services. « Le
prix du mercenaire qui vous donne son travail, lit-on
dans le Lévitique, ne demeurera pas chez vous jusqu'au
matin » (1). L'existence de cette classe de travailleurs au
milieu du peuple Juif est on ne peut plus explicitement
affirmée dans le Deutéronome et le livre de Tobie (2).
— Les écrits des auteurs grecs et latins nous montrent
qu'elle existait pareillement à Athènes et à Rome. Elle
n'y était pas excessivement nombreuse, le travail était
fait en très grande partie par les esclaves ; mais à
côté de ce travail servile, il y avait aussi un travail
libre exécuté par des hommes libres pauvres qui
louaient leurs bras à des riches, en échange d'un certain prix en argent ou en nature et qui par conséquent entraient à peu près dans la catégorie des salariés (3).

(1) *Lévitique*, XIX, 13.
(2) *Deutéronome* XXIV 14-15 ; — *Tobie* IV. 15.
(3) Cf. Levavasseur : *Histoire des classes ouvrières en
France.*

2° *Le salariat a acquis son grand développement au XIX° siècle.* Il ne lui était pas possible de se développer durant tout le temps où existèrent l'esclavage et le servage, pendant cette longue période qui comprend non seulement les siècles primitifs, mais l'antiquité entière et se prolonge jusque dans le moyen âge. Alors règne la forme d'organisation industrielle que l'École historique a appelée « *l'économie de famille* ». La famille se suffit à peu près à elle-même : elle ne consomme guère que ce qu'elle produit, et elle ne produit à peu près que ce qu'elle consomme. L'échange et la division du travail n'existent encore qu'à l'état embryonnaire. Le riche propriétaire romain avec son armée d'esclaves faisant tous les métiers, et le puissant baron féodal avec ses serfs nombreux avaient besoin tout au plus de quelques travailleurs surnuméraires, pour compléter leur personnel esclave ou domestique et se procurer tout ce qui leur était nécessaire.

Le régime *corporatif* qui a succédé au régime de *famille* ne se prêtait pas beaucoup plus que lui au développement du salariat. Avec cette organisation les métiers sont séparés. Les ouvriers d'un même métier sont unis entr'eux par une sorte d'association d'aide et de défense mutuelles. Ils se divisent bien en compagnons et en maîtres ; mais le compagnonnage et la maîtrise ne représentent pas deux classes sociales différentes, comme le salariat et le patronat actuels. C'était deux étapes successives de l'existence professionnelle. Sans doute les compagnons étaient payés par les maîtres, cependant ils n'étaient nullement vis-à-vis d'eux dans les rapports de salarié à entrepreneur. Leur salaire et leur travail étaient réglés par les statuts de la Corporation et non par des conventions arrêtées entr'eux et les maîtres. Notre contrat de louage de service n'existait pas dans les Corps de métier, ou n'existait qu'à l'état d'exception. La Corporation était une vraie famille ouvrière dans laquelle l'antagonisme d'intérêts n'enfantait point ces divisions profondes qui partagent en deux camps ennemis notre monde de la production.

Quand, à la fin du moyen âge, de nouvelles routes et

de nouveaux débouchés s'ouvrent au commerce, le marché, de purement local qu'il était resté, devient national et même mondial. Pour faire face à ses besoins les petits ateliers et les petits métiers du régime corporatif ne suffisent plus. La grande industrie fait son apparition et avec elle les grandes usines, les grandes manufactures, les grands entrepôts. Les gros capitaux entrent en scène. Avec ces premiers manufacturiers et capitalistes commence à se dessiner le type du *patron*. Dès l'origine il se distingue essentiellement du *maître* des Corps de métier. Il évolue en dehors de la Corporation dont les cadres ne sont pas assez larges pour lui et il ne tarde pas à se poser en rival et en concurrent de la production corporative. Il se munit d'un outillage plus perfectionné, il s'applique à la grande production et trouve une foule d'ouvriers qui, lassés de la Corporation à cause des abus qui s'y sont glissés, ne demandent pas mieux que de secouer le joug des anciennes jurandes et de traiter directement avec qui désirera leurs services. Dès lors le Capital et le Travail vont marcher séparés. Le *salarié* moderne existe à côté du *compagnon* de jadis, et le *patron* à côté du *maître*, jusqu'au moment où les édits de Turgot portent au régime du moyen âge le coup suprème de la mort. « Désormais les ouvriers furent libres en effet, libres de vendre leur travail au prix fixé par la loi de l'offre et de la demande sur le marché, libres de le refuser, libres de s'en aller quand bon leur semblait. Et les patrons aussi naturellement furent libres, sous les mêmes conditions de les payer au prix minimum auquel ils pourraient se les procurer, hommes, femmes, enfants, et de les congédier à leur gré. Le contrat de salaire fut désormais un contrat aussi libre qu'un contrat de vente — même beaucoup plus simplifié, car la loi ne daigna pas s'en occuper — et la main d'œuvre devint une marchandise dont la valeur fut réglée par les mêmes lois qu'une marchandise quelconque. Alors le salariat fut véritablement constitué (1) ».

(1) Gide : *Principes d'économie politique* ; p. q. 454, 455.

III. — **Inconvénients du salariat.**

Les *Socialistes* prêtent au salariat toutes sortes de méfaits. D'après eux il n'est qu'une exploitation éhontée de l'homme par l'homme, une source d'abus monstrueux, un régime d'injustice, une forme déguisée d'esclavage. C'est à lui que sont imputables presque tous les maux et toutes les souffrances de la classe ouvrière.

Les *Classiques* voient dans le salariat le régime type définitif et en quelque sorte idéal, qui doit présider à. la production. Il a donné des résultats merveilleux. Il a imprimé un puissant essor à la production et fortement armé l'industrie. Les quelques abus qui se sont produits ne sont pas imputables au régime lui-même, ils sont le fait des hommes. Il en existe fatalement dans toutes les institutions humaines.

Les *Catholiques* pensent que la vérité est entre ces deux opinions extrêmes. Ils reconnaissent cependant que ce régime a été très dur, dans l'ensemble, pour les ouvriers pendant trois quarts de siècle (1), qu'il leur a été même moins avantageux que les régimes antérieurs. Sous son couvert, bien des abus criants se sont glissés, mais on ne saurait le rendre responsable de tous. Beaucoup ne sont pas une conséquence nécessaire de son fonctionnement.

Il y a cependant des inconvénients qui sont inhérents au système lui-même. Trois surtout doivent être signalés. — 1er *Le salariat établit comme fatalement un antagonisme entre le patron et l'ouvrier.* Il crée entre eux une opposition d'intérêts. L'ouvrier cherche à obtenir le salaire le plus élevé possible et à donner simplement le minimum de travail, le patron au contraire, se préoccupe de payer la main-d'œuvre au plus bas prix et d'obtenir de son personnel le summum

(1) Durant le dernier quart du xixe siècle les choses ont sensiblement changé. Les ouvriers se sont organisés, ils se sont groupés, ils ont conquis le droit de coalition et de grève, et à l'heure actuelle, devenus une force redoutable, ils prétendent imposer les conditions au lieu de les recevoir. Ils ont contraint les pouvoirs publics à s'occuper d'eux et sont arrivés à améliorer notablement leur sort.

d'application et d'efforts. De là des conflits sans cesse renaissants sous les formes les plus variées et se traduisant habituellement par ces désastreuses grèves qui, depuis quelques années, se multiplient d'une manière si inquiétante pour la paix sociale et la prospérité industrielle. — *2° Le salariat ne sauvegarde pas assez la dignité de l'ouvrier.* Sans aller jusqu'à dire avec Chateaubriand que le salariat est une dernière forme de l'esclavage et comme une survivance de la *traite* où l'homme était vendu comme une bête de somme, on peut trouver que le salariat prête à des confusions regrettables et qu'il n'établit pas une distinction suffisante entre le travail humain et les marchandises communes. Dans le régime actuel le travail qui, il ne faut pas l'oublier, n'est qu'une continuation de la personnalité du travailleur et par conséquent ne saurait se séparer de lui, est assimilé à une marchandise ordinaire et comme tel subit sur le marché toutes les lois naturelles, mais amorales aussi, qui règlent la valeur des marchandises. La dépréciation morale du travail a rejailli sur le travailleur, au point qu'un des représentants les plus autorisés de l'école libérale, M. de Molinari, a pu écrire sans soulever de protestation indignée : « Au point de vue économique les travailleurs doivent être considérés comme de véritables machines. Ce sont des machines qui fournissent une certaine quantité de forces productives et qui exigent en retour certains frais d'entretien et de renouvellement pour pouvoir fonctionner d'une manière régulière et continue (1). » — *3° Le salariat ne stimule pas assez le zèle et l'application de l'ouvrier.* L'ouvrier n'ayant pas ou presque pas d'intérêt direct sur le produit de son travail, n'est pas incité à produire beaucoup et à produire bien. Il se contente de donner ce qu'il ne peut pas refuser sans s'exposer à se faire renvoyer. Il est tout naturellement porté à mettre en pratique la théorie du moins d'effort possible et le sentiment du devoir ne sera jamais assez puissant, au

(1) *Cours d'Économie politique,* p. 203.

moins chez le plus grand nombre, pour lui permettre de réagir victorieusement contre cette tendance.

IV. — Avantages du salariat.

On ne saurait contester — les Socialistes eux-mêmes ne songent à le faire — que depuis que le salariat existe comme unique régime économique, la production n'ait pris un grand essor et que l'industrie ne se soit singulièrement développée. Il n'en est pas seul cause sans doute ; il y a pourtant contribué. La chose paraît incontestable, quoiqu'il soit impossible de dire dans quelle mesure. Mais nierait-on que la forme salaire ait sur l'extension de la production et de l'industrie toute influence efficace, on ne peut nier qu'elle n'offre de réels avantages à l'*entrepreneur* et à l'*ouvrier*. Ces avantages sont tels que non seulement les entrepreneurs mais encore les ouvriers préfèrent généralement ce mode de rétribution à tout autre, même à celui qui paraîtrait beaucoup plus équitable, l'association avec partage des gains et des pertes.

1° Au *patron* ce mode assure le droit exclusif de direction, la liberté de choisir ses débouchés et d'attendre à son gré pour la vente, la faculté de mener l'entreprise à sa guise, de prendre les coopérateurs qu'il lui plait, de presser ou de ralentir la production, en un mot si ce mode laisse peser sur le patron toute la responsabilité de l'entreprise, il lui assure toute l'indépendance dont il a besoin pour la mener à bonne fin. Il le soustrait à tous ces contrôles gênants, à toutes ces ingérances facilement vexatoires de la part de son personnel qui se produiraient avec un autre système de répartition des bénéfices.

2° A l'*ouvrier* ce mode de rétribution assure le paiement de ses services à échéances fixes et généralement très rapprochées. La plupart des ouvriers n'ayant ni capitaux, ni avances, c'est pour eux un avantage très considérable, que de recevoir pour faire face à leurs besoins quotidiens des ressources immédiates et régulières. — Ce mode de rétribution offre à l'ouvrier un second avantage non moins appréciable. Il le met à l'abri des risques industriels, risques qu'il n'est pas capable de supporter. Le droit au salaire naissant immédiatement du travail et nullement de la réussite de l'affaire, l'ouvrier est payé alors même que l'entreprise échoue complètement. Les pertes sont toutes supportées par le patron, de la sorte le travailleur n'est pas exposé à se voir privé des ressources qui lui sont absolument indispensables pour subvenir à ses besoins et aux besoins de sa famille. (1).

V. — **Légitimité du salariat.**

Le *salariat* n'est pas une institution parfaite sans doute, elle a donné lieu a bien des abus et prêté à bien des critiques ; mais il serait difficile d'apporter des raisons qui établissent qu'elle est foncièrement mauvaise. Elle peut être améliorée. Pour que le salariat fut chose illégitime, il faudrait qu'il fut incompatible ou avec la *paix sociale*, ou avec la *prospérité industrielle*, ou avec *le respect de tous les droits individuels*, or, loin d'être incompatible avec eux, il peut parfaitement s'accorder avec chacun d'eux :

1° *Le salariat peut se concilier avec la paix sociale.* Nous avons vu que le salariat crée trop souvent un antagonisme regrettable entre patrons et ouvriers, pourtant il ne rend pas impossible entre ces deux classes une entente suffisante. Les ouvriers se plaignent

(1) Le salariat est un système singulièrement souple et perfectible. Il comporte le salaire au jour, au mois, à l'année. Il est à la tâche pure et simple, ou à la tâche avec prime pour surcroît de travail dans un temps donné et pour économie dans l'usage des matières premières et combustibles. Il peut être accompagné de gratification variable à la fin de l'année, ou de gratification fixe à un tant pour cent sur le prix de vente. Il peut suivre l'échelle mobile des produits et faire ainsi profiter l'ouvrier d'une manière directe de la prospérité de l'industrie, comme aussi l'associer à ses souffrances. Et c'est ainsi que ce salaire si décrié par quelques-uns, peut se prêter aux combinaisons les plus variées, combinaisons à la fois très utiles aux ouvriers et très favorables aux patrons qui veulent remplir leur rôle providentiel auprès de ceux que la fortune a déshérités des biens de ce monde.

moins du régime que de la façon dont on l'applique. Ils préfèrent presque tous ce mode de rémunération à tout autre. Ils trouvent seulement que le Capital jusqu'ici, s'est taillé au dépens du Travail une part trop large dans les profits. Le fait serait-il vrai, l'existence d'abus même graves ne constituerait pas une preuve absolue que le système est dangereux au point de vue social. Avec n'importe quel autre système les difficultés demeureraient les mêmes. Personne ne croira qu'une fixation de part, donnant satisfaction aux patrons et aux ouvriers, sera plus commode avec un régime d'*association* et de *participation* rigoureuse aux bénéfices. Les conflits seraient au moins aussi nombreux et la paix sociale au moins aussi menacée.

2° *Le salariat peut se concilier avec la prospérité industrielle*. Ce point n'a pas besoin d'être démontré. L'expérience est faite. Les faits sont suffisamment concluants pour que personne ne puisse élever un doute sérieux. Tout au plus peut-on dire qu'avec un régime d'*association* ou de *participation* l'ouvrier serait stimulé à travailler davantage ou à donner un plus grand soin à son travail. Mais, outre qu'à l'heure actuelle la production suffit largement pour faire face aux besoins de la consommation, avec une surveillance sérieuse on arrive à atténuer considérablement ce que le salariat peut offrir d'infériorité au double point de vue de la qualité et de la quantité du produit.

3° *Le salariat peut se concilier avec le respect de tous les droits individuels*. Le contrat de salaire est un contrat à *forfait*, c'est-à-dire un contrat par lequel l'ouvrier renonce à tout droit sur le produit de son travail moyennant une somme fixe que l'entrepreneur s'engage à lui payer par jour ou par mois. Pour que tous les droits individuels se trouvent respectés, il faut que cette somme fixe soit en rapport avec le service rendu. Nous ne prétendons pas qu'il en est toujours ainsi, mais nous prétendons que l'ouvrier peut recevoir la rémunération intégrale de son travail tout aussi bien sous forme de *salaire*, que sous forme *de distribution de dividende* et de *participation aux bénéfices*.

Par conséquent, quel que soit le sort que l'avenir

réserve au salariat, on peut affirmer que ce système n'offre rien d'intrinsèquement mauvais et qu'appliqué avec justice il est capable de coopérer au bien général et d'assurer le bien particulier de l'ouvrier comme du patron.

VI. — **Avenir du salariat.**

1° L'école *socialiste* ne voit dans le *salariat* qu'une simple catégorie historique. Il marque une étape dans cette marche en avant qui s'opère sous l'influence de l'inéluctable et universelle loi de l'*évolution*. Il ne fera qu'un temps. Il disparaîtra chassé par une forme plus parfaite comme ont disparu déjà le *compagnonnage*, le *servage* et précédemment l'*esclavage* dont il n'est qu'une forme déguisée. « L'état de salarié, disent les socialistes avec Stuart-Mill, ne sera bientôt plus que celui des ouvriers que leur abaissement moral rendra indignes de l'indépendance et les rapports de patron à ouvrier seront remplacés par l'association sous une ou deux formes : association temporaire, dans certains cas, de l'ouvrier avec l'entrepreneur ; dans d'autres cas et à la fin dans tous, association des travailleurs entr'eux (1). »

Après viendra, d'après les Collectivistes, l'abolition de la propriété privée et la nationalisation de tous les moyens de production. Il n'y aura plus de patrons, il n'y aura que l'Etat socialisé propriétaire et producteur. Chacun alors recevra suivant son travail et travaillera seulement suivant ses besoins. L'infâme salariat aura disparu pour toujours, maudit par tout un peuple de prolétaires victimes de ses exactions et de ses injustices.

2° L'école *libérale* voit dans le salariat le mode de rémunération le plus parfait qu'on puisse imaginer et le considère comme le type définitif. — Elle n'admet pas les reproches qu'on lui adresse : « On reproche au système du salaire de reposer sur un principe consistant à payer le moins cher possible le travail, de ne

______

(1) Stuart-Mill : *Principes d'Economie politique*, t. ii, p. 320.

pas vouloir rétribuer l'ouvrier d'après son habileté, et d'après sa valeur, mais de se servir de la puissance du fort pour écraser de plus en plus le faible. On représente ainsi l'abus comme une règle, en oubliant que le salariat n'a été établi que pour faciliter le travail et en accroître les forces productives (1). » — L'école *libérale* affirme sans hésiter que le salariat résistera à tous les efforts du socialisme et qu'il ne saurait pratiquement être remplacé par l'association : « le salariat ne peut disparaître parce qu'il est conforme à la nature des choses. Prise dans l'ensemble, la classe ouvrière ne peut s'exposer aux risques de la production. Vivant de son gain journalier, elle a besoin d'être sûre de l'obtenir. Comment, si l'on est prudent, lui conseiller de le soumettre aux aléas inhérents à toute entreprise? Elle ne peut pas non plus attendre, pour toucher le prix de son travail, que les objets fabriqués aient été vendus ou que la confection de l'inventaire ait fait connaître le chiffre des bénéfices à partager. Ce gain certain et exigible à l'époque fixe dont il a besoin, le salariat peut seul le procurer à l'ouvrier : le salariat est donc un arrangement nécessaire (2). »

L'école *libérale* ne désire d'autre modification à l'ordre de choses actuellement existant qu'un développement de liberté individuelle. Elle voudrait qu'on laisse aux patrons et aux ouvriers la faculté la plus absolue de discuter entr'*eux seuls* leurs prix ; que l'État n'intervienne en rien dans le contrat de travail, qu'on nous épargne toute législation ouvrière car en légiférant sur ces matières on n'obtiendra d'autre résultat que de fausser le libre jeu des lois économiques naturelles. Son idéal est d'assimiler de plus en plus le trafic de la main-d'œuvre au trafic des marchandises ordinaires.

3° L'école *catholique*, tout en rendant justice aux principes sur lesquels repose le salariat, et tout en admettant que ce système n'est pas près d'être remplacé par un autre meilleur, ne le considère pas, au moins

(1) Victor Böhmert : *La participation aux bénéfices.*
(2) Beauregard : *Eléments d'Economie politique*, p. 167.

dans sa forme actuelle, comme le système idéal. Elle est frappée des inconvénients auxquels il a donné naissance et redoute que la plupart d'entr'eux se reproduisent dans l'avenir. Ses préférences, plus ou moins avouées, seraient, au fond, pour le système d'*association*. Elle voudrait qu'on en revienne à un régime corporatif, mais à un régime corporatif absolument distinct du régime ancien, à un régime s'harmonisant avec les multiples besoins économiques de l'heure présente et se pliant à toutes les exigences de la production industrielle moderne. Volontiers elle souscrirait aux paroles de M. Waldeck-Rousseau (1) : « On ne trouvera une solution pacifique et progressive de la question sociale qu'en amenant les travailleurs à demander la rémunération de leurs efforts de moins en moins au louage d'ouvrage et de plus en plus à l'association. »

En attendant que ce changement de régime *se produise*, l'école *catholique*, pour améliorer le régime actuel, recommande les groupements professionnels qui permettront aux ouvriers de mieux défendre leurs droits ; elle accepte, au moins pour le moment, une intervention modérée de l'État ; elle ne fait aucune objection de principe à l'établissement d'un salaire minimum, elle proteste contre l'assimilation, qu'on veut établir, entre la main-d'œuvre et les marchandises, et surtout réclame, à la place du salaire *courant* réglé par la loi de l'offre et de la demande, le *juste* salaire auquel l'ouvrier a droit et qui lui permettra de vivre enfin lui et sa famille dans des conditions décentes et dignes d'une créature de Dieu qui a droit au pain quotidien d'abord, mais qui ne vit pas seulement de pain (2).

(1) Déposition devant la Commission des 44 nommée par la Chambre des Députés (1882-1884).

(2) La fraction avancée de l'école catholique — celle des *démocrates chrétiens* — partage toutes les défiances de l'école *socialiste* à l'égard du salariat. Elle le considère comme fatalement destiné à disparaître et elle appelle de ses vœux le moment ou cette disparition se produira.

4° On peut affirmer, sans crainte d'être démenti par les événements, que le salariat demeurera encore de longues années et probablement de longs siècles le mode presqu'unique de rémunération du travail manuel. Incontestablement perfectible, il se transformera insensiblement, peut-on présumer, et se complètera graduellement par une plus large participation aux bénéfices. Les ouvriers en se coalisant, comme la loi leur en donne le droit, pourront plus efficacement protéger leurs intérêts, améliorer leur situation et obtenir ce *juste salaire* qu'il nous reste à étudier.

D'après elle le salariat est inséparable des exactions, des abus et des injustices qui se sont commis sous son couvert. Il doit être supprimé, si on veut que cessent les abus et les injustices auxquels il a donné lieu. Il n'est pas sérieusement améliorable, il faut l'abandonner et chercher une forme de rétribution plus en harmonie avec la dignité de l'ouvrier, ses intérêts, les mœurs modernes et les besoins de la société contemporaine.

DEUXIÈME PARTIE

Du juste salaire.

—

CHAPITRE I

LE JUSTE SALAIRE ET SON ESTIMATION

I. — Notion du juste salaire.

« Parmi les devoirs principaux des patrons, dit
Léon XIII, il faut mettre au premier rang celui de
donner à chacun le salaire *qui convient.* Assurément
pour fixer la *juste mesure* du salaire, il y a de nombreux points de vue à considérer. Mais d'une manière
générale que le riche et le patron se souviennent
qu'exploiter la pauvreté et la misère, et spéculer sur
l'indigence sont choses que réprouvent également les
lois divines et humaines. Ce qui cons'ituerait un crime
à crier vengeance au ciel serait de frustrer quelqu'un
du prix de ses labeurs : *voilà que le salaire que vous
avez dérobé par fraude à vos ouvriers crie contre vous
et que leur clameur est montée jusqu'au trône du Dieu
des armées. Jac. v, 4 (1).* »

Cette obligation de payer le prix de leur travail à
ceux que l'on emploie est une obligation d'élémentaire
et stricte justice. Et ce n'est pas assez de donner à
l'ouvrier un salaire quelconque, pas même toujours

(1) Léon xiii. Encyclique : *Rerum novarum.*

assez de lui donner le salaire qu'il a accepté, il faut lui donner suivant les termes mêmes de l'Encyclique *le salaire qui convient*, c'est-à-dire un *juste salaire*.

Un salaire est *juste* quand il rémunère d'une façon équitable le travail de l'ouvrier et assure à celui-ci dans la répartition des profits une part proportionnée à la part qu'il a prise à la production. Ce salaire dans les circonstances normales « ne doit pas être insuffisant à faire subsister l'ouvrier sobre et honnête (1). » En préciser le chiffre n'est pas chose aisée, il y a de nombreux points de vue à considérer et quand on aborde la question on se trouve en face des théories les plus diverses et même les plus opposées.

On peut utilement distinguer deux sortes de juste salaire : le juste salaire *absolu* et le juste salaire *relatif*. — Le salaire est juste d'une façon *absolue* lorsque non seulement il représente bien la part qui revient à l'ouvrier, étant donné le prix auquel se vend sur le marché le produit confectionné par lui ; mais encore est tel que le souhaite la nature, c'est-à-dire suffisant pour permettre à l'ouvrier de s'assurer une honnête subsistance. Ce salaire est appelé *salaire naturel* par plusieurs qui donnent ainsi à ce mot un sens tout différent de celui qui lui est donné par les économistes. — Le salaire est juste d'une manière seulement *relative* lorsqu'il représente bien la part qui revient à l'ouvrier sur le prix de vente ; mais en raison de la concurrence ou de toute autre cause n'atteint pas au taux qui serait nécessaire pour procurer l'honnête subsistance de l'ouvrier. Le juste salaire *relatif* doit toujours être donné par le patron sous peine de violer la justice commutative ; le juste salaire *absolu* ne peut pas toujours être donné, mais toujours le patron doit faire tout ce qui dépend de lui pour l'assurer à ses ouvriers.

II. — Nature spéciale du contrat de travail

1° Par son objet le contrat de travail diffère essentiellement de tout autre contrat. Il ne saurait être complètement assimilé ni au contrat de *louage*, ni au con-

____

(1) LÉON XIII. Encyclique : *Rerum novarum.*

trat de *vente et d'achat*. On ne peut donc pas raisonnablement estimer la valeur de la main-d'œuvre humaine d'après les seules règles qui servent à estimer la valeur d'une vulgaire marchandise. Celle-ci n'est qu'une chose matérielle et extérieure, tandis que la main-d'œuvre est une opération vitale, procédant de l'homme et mettant les forces d'un homme au service d'un autre homme. Ce n'est pas une *chose* qui est en jeu, c'est une *personne*. Dans l'appréciation du travail on ne saurait séparer le produit du producteur; pour estimer équitablement le premier il faut tenir compte de la nature et des besoins du second.

2° *L'objet de contrat de travail, quoique différant essentiellement de l'objet de tout autre contrat, n'arrive pas à échapper complètement aux lois qui président à l'appréciation des marchandises ordinaires.* Malgré leurs différences fondamentales on ne peut pas nier qu'il n'y ait des similitudes entre le travail offert sur le marché et une marchandise ordinaire. Ces similitudes se retrouvent fatalement dans la manière dont se détermine le prix de l'un et de l'autre. « Si le travail a pour principe un acte vital et humain, il a aussi pour terme un objet matériel extérieur, qu'il transforme en le rendant utile. Or cette utilité, fruit du travail, mérite une compensation susceptible d'être appréciée d'après sa valeur d'échange. Voilà pourquoi on ne saurait exclure d'un état social bien ordonné, une concurrence qui, maintenue dans les limites de la justice et de la modération, déterminera souvent le prix du travail. Il subira ainsi les fluctuations qu'amènent nécessairement les circonstances capables d'exercer une influence sur la valeur d'échange des objets (1). »

(1) P. Martin, S. J. *Etudes Religieuses* t. LV, p. 207. Le cardinal Zigliara chargé par la Curie romaine de répondre en août 1891 à une consultation du cardinal archevêque de Malines s'exprimait ainsi sur cette question : « Le travail d'un ouvrier est considéré comme une sorte de marchandise, et le salaire ou récompense comme une sorte de prix. Et ce n'est pas à tort qu'il en est ainsi : car bien que le travail de l'ouvrier soit quelque chose

III. — Fin première et caractère double du travail.

1° — *Le travail est le moyen ordinaire donné par Dieu à l'homme pour se procurer les choses nécessaires à la vie.* A l'origine, Dieu dit à l'homme : « tu mangeras ton pain à la sueur de ton front », et depuis lors le travail est devenu non seulement un *devoir* pour tous, mais une *nécessité* pour l'immense majorité. A l'exception de quelques individus plus fortunés, qui pourraient vivre avec le fruit du travail et des économies de leurs pères, l'humanité entière est obligée de chercher dans le travail de quoi subvenir à ses besoins. L'ouvrier lui demande toute sa subsistance et la subsistance de la famille qu'il a fondée. Il faudrait donc qu'il y trouve le moyen de faire face aux diverses charges que la nature lui impose, au moins tant que ces charges ne sortent pas des bornes ordinaires.

2° *Le travail a bien un caractère personnel, mais pas exclusivement personnel.* Il a reçu de Dieu comme une double empreinte. « Il est *personnel* parce que la force active est inhérente à la personne, et qu'elle est la propriété de celui qui l'exerce et qui l'a reçue pour son utilité. Il est aussi *nécessaire*, parce que l'homme a besoin du fruit de son travail pour conserver son existence et qu'il doit la conserver pour obéir aux ordres irréfragables de la nature... (1) »

Ce caractère de *nécessité* inséparable en réalité du caractère de *personnalité* a été presque complètement oublié par les Economistes. De son existence découlent des conséquences aussi graves que pratiques. L'ouvrier, qui est contraint par sa situation de demander au travail du pain pour lui et pour les siens, n'est pas libre de se contenter d'un salaire quelconque, il est tenu de chercher, toutes les fois qu'il le peut, un salaire qui lui permette de faire face à ses obligations d'époux et

de plus noble qu'une marchandise, il garde cependant tout le caractère d'une marchandise, si on le considère par le côté où celle-ci est l'objet d'un prix »

(1) Léon XIII. Encyclique : *Rerum novarum.*

de père. De son côté le patron qui use à son profit des forces intellectuelles et physiques du travailleur doit, à moins d'impossibilité, lui donner une rétribution qui soit en harmonie avec les charges naturelles de l'ouvrier qu'il emploie.

IV. — Mesure du salaire : le travail fourni.

1° *Exposé des opinions.* — Trois opinions sont en présence. —

a) Les partisans de la première veulent que, pour fixer le salaire, on se base avant tout sur les besoins du salarié, de telle sorte que l'on tienne compte moins du travail fait et du service rendu que des nécessités de l'ouvrier. D'après les *exagérés* du parti — les tenants du salaire familial *relatif* — le salaire ne sera juste que tout autant qu'il permettra à tout ouvrier, quelles que soient ses charges et quel que soit son travail, de s'acquitter de toutes ses obligations familiales non moins que personnelles. D'après les *modérés* — les tenants du salaire familial *absolu* — le salaire sera juste pourvu qu'il puisse permettre à l'ouvrier travaillant normalement de faire face aux charges ordinaires d'une famille se trouvant dans des conditions ordinaires de nombre et de santé.

b) Les partisans de la seconde opinion déclarent que pour fixer le salaire on doit se baser exclusivement sur la valeur du service rendu. Le salaire sera juste toutes les fois qu'il répondra adéquatement au travail fait.

c) Les partisans de la troisième opinion — opinion intermédiaire, mais se rapprochant beaucoup plus de la seconde que de la première — sont d'avis que pour fixer le salaire il faut, sinon exclusivement, au moins avant tout, tenir compte du travail fait, c'est lui qui doit donner la vraie mesure de la rémunération de l'ouvrier. Pourtant on n'a pas le droit de se désintéresser de la personne du travailleur et de ses divers devoirs naturels.

2° ENONCÉ DE LA THÈSE ET SA DÉMONSTRATION. — *Le salaire doit avant tout se mesurer au service rendu, il sera juste toutes les fois qu'il représentera l'équivalent du rendement du travail fait.* — Quelle que soit l'idée qu'on se forme du contrat entre patrons et ouvriers, qu'on y voie un contrat de *vente*, ou un contrat de *louage*, ou un contrat de *société*, on ne saurait contester que ce contrat ne soit un contrat commutatif. L'ouvrier fournit une certaine quantité de travail concrétisé dans un produit, le patron donne en échange une certaine somme ou son équivalent en nature. La justice demande qu'il y ait égalité entre ce que l'on reçoit et ce que l'on donne ; mais elle ne demande que cela. C'est ce qu'a formellement déclaré Léon XIII, dont l'autorité a été si souvent invoquée en faveur de leur opinion, par les partisans du salaire *familial*. Expliquant, en quelque sorte, les termes de son Encyclique, il disait à M. de Mun et aux pèlerins français, le 19 septembre 1891 : « La solution de la question ouvrière est de sa nature liée aux préceptes de la parfaite justice, qui réclame que le salaire réponde adéquatement au travail ».

S'il en était autrement on arriverait à cette conséquence inadmissible qu'un patron devrait payer le même travail à des prix extraordinairement variables, le père de famille ayant droit à un plus fort salaire que le célibataire, le père d'une nombreuse famille à une plus large rémunération que le père d'un ou de deux enfants seulement. Le même objet vaudrait des prix tout différents, suivant qu'il aurait été façonné par celui-ci ou par celui-là. Une telle théorie serait le renversement de la notion du contrat commutatif qui exige l'équivalence entre les services échangés, et le bouleversement de l'ordre économique, surtout dans la grande industrie qui doit pouvoir établir à l'avance ses prix de revient. — Par conséquent l'ouvrier qui ou plus habile, ou plus fort, ou plus laborieux produit davantage a droit à une rétribution plus considérable que l'ouvrier qui faible, maladroit ou paresseux ne produit que très peu, cet ouvrier serait-il père de famille et d'une nombreuse famille.

La justice veut que le salaire représente la valeur adéquate du travail, mais comment apprécier d'une façon équitable la valeur du travail ?

V· — Base d'estimation du travail fourni.

1º Les *Economistes classiques* disent que pour apprécier la valeur du travail il faut uniquement se baser sur la valeur de son *rendement*. Tant vaut le fruit du travail, tant vaut le travail lui-même. La valeur du rendement est donnée par le *cours* du marché. Ce cours subit toutes les fluctuations résultant de la loi de l'offre et de la demande et de la libre concurrence. Par là, le travail se trouve lui aussi, au moins indirectement, tributaire de l'offre et de la demande, il suit toutes les vicissitudes de son produit.

Veut-on savoir par conséquent ce que vaut le travail incorporé dans un objet, dans une pièce de drap, par exemple ? Il n'y a qu'à voir ce que vaut cette pièce de drap sur le marché et de son prix retrancher ce qui revient au Capital pour la matière première, l'outillage, la direction, les intérêts, les risques, etc. ; ce qui restera après la défalcation représentera la valeur réelle du travail et la part de l'ouvrier.

Cette doctrine ne se préoccupe absolument que du côté *objectif* du travail — le produit. Elle néglige complètement le point de vue *subjectif* — le travailleur. Elle ne fait en aucune façon entrer en ligne de compte les besoins, même les plus légitimes, de l'ouvrier et ne se demande pas si le salaire sera ou non suffisant pour le faire subsister honnêtement. Tout cela, d'après elle, n'est qu'une question de sentiment, la justice n'a rien à y voir ; et en affaires le sentiment doit être relégué à l'arrière plan, car ses entrainements sont toujours dangereux.

2º Les *Economistes de l'école catholique*, — après Léon XIII et les grands théologiens qui se sont occupés de cette grave et délicate question — sans méconnaitre l'importance du côté *objectif* et sans nier que la valeur du travail ne doive être en rapport avec la valeur du rendement, voudraient que dans l'appréciation du rendement, c'est-à-dire dans la fixation du prix du produit né du travail, on ne se base pas uniquement sur un *cours* qui est à la merci d'une foule de circonstances et qui, sous l'influence d'une concurrence effrénée, peut descendre jusqu'à des chiffres désastreux pour l'industriel, et plus désastreux encore pour l'ouvrier qui se trouve ainsi réduit à ce qu'on a appelé un *salaire de famine* (Hungerlohn). — Ils demandent qu'on se préoccupe davantage du côté *subjectif* de la question et que pour fixer le prix d'un produit et par conséquent du travail qui y est contenu, on tienne avant tout compte des légitimes besoins du travailleur. Pour vivre et faire vivre la famille, qu'il a le *droit* de fonder et le *devoir* de nourrir, il n'a que son travail. S'il se trouve dans des conditions normales, il faut qu'il puisse tirer de ce travail tout ce qui lui est nécessaire pour faire face à ses charges personnelles et familiales. C'est là le vœu de la nature, un vœu que les patrons et la société ne sauraient impunément méconnaître.

Il serait nécessaire que les *cours* fussent établis sur d'autres bases que les bases actuelles, si l'on voulait équitablement estimer la valeur du travail, en se servant du *cours* de son produit. Présentement c'est la concurrence qui joue le rôle prépondérant dans la fixation des *cours* qu'elle fausse en les avilissant la plupart du temps outre mesure. Le bien social et la loi naturelle demanderaient que dans cette détermination de la valeur marchande d'un objet on fît entrer en ligne de compte non seulement le nombre d'heures de travail qu'il a exigé, mais la valeur vraie de ces heures de travail. Chacune d'elles a une valeur *réelle*, distincte assez fréquemment de la valeur *courante* et indépendante de toute fluctuation du marché et de toute loi économique. Car au-dessus de ces lois « il est une loi de justice naturelle, plus élevée et plus ancienne, à savoir que le salaire ne doit pas être insuffisant à faire subsister l'ouvrier sobre et honnête (1).

---

(1) Léon XIII. Encyclique : *Rerum novarum.*
Pour établir un *cours* raisonnable et juste, par exemple le cours de tel ou tel drap, il faudrait procéder de la manière suivante. Dans une pièce de ce drap il entre 100 francs de matière première ; pour la transformer en tissu il faut

Pour préciser cette valeur *réelle* du travail, on devrait prendre comme type et comme étalon, le travail d'un ouvrier possédant une habileté, une force, une activité ordinaires et exerçant un métier moyen, — quelque chose comme ce que Karl Marx appelle le *travail simple*, le *travail mesure*. — Ce *travail étalon*, vaut, au moins, ce qu'il faut à un travailleur sobre et honnête pour vivre convenablement suivant sa condition. On peut donc dire : *Travail étalon* égale en valeur *subsistance ordinaire* ; et plus loin nous verrons que quand on parle de subsistance pour l'ouvrier, il ne s'agit pas seulement de sa subsistance personnelle, mais encore de la subsistance des siens. — Si un ouvrier fournit un travail ou plus considérable ou plus difficile que ce *travail étalon*, il va sans dire qu'il devra toucher un salaire dépassant la valeur d'une subsistance ordinaire ; comme aussi s'il fournit un travail moindre en qualité ou en quantité que le *travail étalon*, il ne saurait réclamer l'équivalent d'une subsistance

8 journées de travail, or un ouvrier a besoin de gagner v. g. 4 fr. 50 par jour pour subsister convenablement, la main-d'œuvre revient donc à 36 fr. Au prix de la matière première et de la main-d'œuvre il faut ajouter 8 fr. 50 pour l'entretien de l'outillage et l'alimentation des machines, et 27 fr. pour intérêts des capitaux, frais généraux, risques, etc. Par conséquent la pièce de drap vaut 100+36+27+8,50 = 171,50.

On procède malheureusement tout autrement. L'industriel dit : pour lutter sans trop de désavantage contre mes concurrents qui donnent la pièce de drap à 167 francs je suis obligé de la livrer au même prix. Sur ce prix j'ai à prélever 100 francs de matière première que j'ai avancés, plus 8 fr. 50 pour l'entretien de mon outillage et l'alimentation de mes machines, plus 27 fr. pour les intérêts de mes capitaux, les frais généraux, etc ; ce qui fait en tout 100+8,50+27 = 135,50. Je ne puis donc donner à l'ouvrier que 167—135,50 = 31,50 ce qui ramène son salaire à un peu moins de 4 francs par jour. Il serait injuste d'avancer que l'ouvrier supporte seul les conséquences de la concurrence, on peut cependant affirmer qu'il en souffre plus que personne et qu'il les supporte dans une plus large mesure que qui que ce soit.

ordinaire complète. Chacun doit être payé suivant ses œuvres, mais les prix « des œuvres » doivent être établis de telle sorte que quiconque travaille moyennement puisse vivre normalement de son travail.

CHAPITRE II

LE JUSTE SALAIRE ET L'ÉCOLE LIBÉRALE

I. — Théorie de l'Ecole libérale sur le juste salaire.

Le contrat de travail est un contrat comme les autres, il appartient aux parties d'en débattre et d'en arrêter les conditions. Pourvu que les contractants aient été libres et que toute fraude ait été écartée, lorsque le contrat est conclu chacune des parties est tenue d'en observer les clauses, mais elle n'est tenue qu'à cela. Par conséquent quand l'ouvrier a accepté un salaire en dehors de toute surprise et de toute pression, ce salaire doit être considéré comme juste, et le patron en le payant remplit tout son devoir; il n'est pas obligé à autre chose en justice. Alors seulement la justice se trouverait lésée, s'il refusait de solder l'intégralité de ce qu'il a promis, car « tout salaire obtenu par un libre débat entre l'ouvrier et l'employeur est naturel et normal (1), » et « obliger qui que ce soit à payer des travaux au-delà du prix auquel on offre de les exécuter, serait une violation de la propriété et une atteinte portée à la liberté des transactions (2) ».

On ne saurait donner une raison vraiment sérieuse pour établir que le patron ne peut pas s'en tenir toujours, en conscience, au salaire convenu entre lui et

(1) Joseph Garnier : *Traité d'économie politique.* p. 497.
(2) J. B. Say: *Cours complet d'économie politique* 5e partie, ch. v.

son ouvrier. De deux choses l'une, en effet ; ou bien ce salaire librement arrêté de part et d'autre atteint le taux que l'on prétend être demandé par la nature, ou bien il lui reste inférieur. Dans le premier cas il est évidemment juste ; il l'est pareillement dans le second, car, même en admettant et le droit naturel de l'ouvrier à un salaire plus élevé et la possibilité de le lui payer, on ne saurait nier que le travailleur ne puisse, s'il le veut, renoncer à une partie de ce qui devrait lui revenir. En cette matière, comme en toute autre, trouve son application l'aphorisme juridique : *scienti et volenti non fit injuria* (1).

II. — **Réfutation de cette théorie.**

1° *La situation des parties contractantes et très différente.* — Dans l'état actuel de l'industrie l'ouvrier se trouve, par rapport au patron, dans une situation d'infériorité incontestable quand il s'agit de débattre les conditions du marché. Il y a entr'eux inégalité de force économique. Adam Smith lui-même l'a reconnu lorsqu'il a dit : « à la longue le patron ne peut pas plus se passer de l'ouvrier, que l'ouvrier du patron, mais le besoin qu'il en a n'est pas aussi urgent. » Le patron peut attendre, l'ouvrier ne le peut pas ; celui-ci est en quelque façon à la merci de celui-là.

2° *La prétendue liberté de l'ouvrier dans bien des cas n'est qu'apparente.* — L'ouvrier ne peut pas repousser indéfiniment un salaire même insuffisant. Il peut avoir à choisir entre accepter le salaire qu'on lui offre ou chômer ; et le chômage c'est la misère, les privations, la faim pour lui et ses enfants. Mis dans l'alternative ou de se contenter d'un salaire inférieur ou de se passer

(1) D'après d'autres Economistes libéraux le *juste salaire* est celui qui est conforme *au taux courant*, exempt de fraude et de violence. Cette opinion qui, à prime abord, paraît notablement différer de l'opinion de *la libre convention*, ne se distingue presque pas d'elle en réalité, car, a de très rares exceptions près, le prix *conventionnel* s'établit en s'appuyant sur le prix *courant* et pratiquement se confond avec lui. Bien peu nombreux sont aujourd'hui les métiers qui n'ont pas un prix *courant* de la main d'œuvre.

de tout salaire, on comprend qu'il préfère travailler au rabais que de ne pas travailler du tout, mais peut-on dire qu'il agit avec une liberté complète et a-t-on le droit d'appliquer à son cas le *scienti et volenti non fit injuria* ? Léon XIII ne le pense pas. « Si, dit-il, contraint par la nécessité ou poussé par la crainte d'un mal plus grand, il (l'ouvrier) accepte des conditions dures, que d'ailleurs il ne lui serait pas loisible de refuser, parce qu'elles lui sont imposées par le patron ou par celui qui fait l'offre du travail, c'est là subir une violence contre laquelle la justice proteste (1) ».

3° *L'ouvrier, serait-il pleinement libre en contractant, n'a pas le droit de céder son travail à un prix insuffisamment rémunérateur.* — Il a le devoir rigoureux de s'assurer ce qui est nécessaire à « une honnête subsistance », il ne peut le faire que par le travail, et le salaire même intégral permet à peine de donner satisfaction aux principaux besoins de la vie. La loi donc, qui impose au travailleur l'obligation de prendre les moyens de subvenir à ses nécessités, lui interdit de consentir, sur la rémunération de son travail, des réductions qui le mettraient dans l'impossibilité de faire convenablement face aux charges qui lui incombent.

Pour établir la thèse on peut encore invoquer une autre raison qui a bien sa valeur. Dans l'intérêt général, l'ouvrier est tenu plus que personne de ne pas avilir le prix de la main-d'œuvre. Il l'avilit toutes les fois qu'il offre son travail à des conditions insuffisamment rémunératrices. Il influe par là sur le marché et y amène une baisse dans le taux courant des salaires. Trouverait-il son avantage à travailler à un prix inférieur, l'ouvrier ne pourrait légitimement, sauf le cas de nécessité, sacrifier l'intérêt général à son intérêt particulier.

Dans son encyclique sur la *condition des ouvriers*, Léon XIII réfute victorieusement la théorie *libérale*. « Elle n'embrasse pas, dit-il, tous les côtés de la question et elle en omet un fort sérieux. Travailler c'est exercer son activité dans le but de se procurer ce qui

____

(1) Encyclique : *Rerum novarum.*

est requis pour les divers besoins de la vie, mais surtout pour l'entretien de la vie elle-même : *tu mangeras ton pain à la sueur de ton front.* »

« C'est pourquoi le travail a reçu de la nature comme une double empreinte : — il est *personnel*, parce que la force active est inhérente à la personne, et qu'elle est la propriété de celui qui l'exerce et qui l'a reçue pour son utilité ; — il est *nécessaire*, parce que l'homme a besoin du fruit de son travail pour conserver son existence et qu'il doit la conserver pour obéir aux ordres irréfragables de la nature. Or si l'on ne regarde le travail que par le côté où il est personnel, nul doute qu'il ne soit au pouvoir de l'ouvrier de restreindre à son gré le taux du salaire... Mais il en va tout autrement si au caractère de *personnalité* on joint celui de *nécessité*, dont la pensée peut bien faire abstraction, mais qui n'en est pas séparable en réalité. Et, en effet, conserver l'existence est un devoir imposé à tous les hommes et auquel ils ne peuvent se soustraire sans crime. De ce devoir découle nécessairement le droit de se procurer les choses nécessaires à la subsistance, et que le pauvre ne se procure que moyennant le salaire de son travail ».

« Que le patron et l'ouvrier fassent donc tant et de telles conventions qu'il leur plaira, qu'ils tombent d'accord notamment sur le chiffre du salaire : au-dessus de leur libre volonté, il est une loi de justice naturelle plus élevée et plus ancienne, à savoir que le salaire ne doit pas être insuffisant à faire subsister l'ouvrier sobre et honnête ».

CHAPITRE III

LE JUSTE SALAIRE ET L'ÉCOLE SOCIALISTE

I. — Théorie de l'école socialiste sur le juste salaire.

Les *Socialistes* sont pour l'abolition de tout salaire ; mais en attendant que le salariat soit remplacé par un régime plus équitable et répondant mieux aux légitimes aspirations des travailleurs, ils crient bien haut avec Karl Marx : au *travailleur l'intégralité du produit*. Jusqu'ici, disent-ils, le Capital, représenté par le Patron, a injustement accaparé à son avantage une partie de ce produit. Tous les profits des patrons ne sont que du travail *non payé* et par conséquent *volé*. Prenons un exemple. Voici un capitaliste fabricant de cotonnades. Il a usine, métiers et machines qui activent ces métiers. Pour produire des pièces de cotonnade il se rend sur le marché, il y achète des filés de coton et « la force de travail » d'un certain nombre d'ouvriers qu'il embauche et qui transformeront ces filés en tissus. — « La valeur de la marchandise qui sort de la production est tout juste égale à la somme des valeurs qui y sont entrées (1). » Par conséquent le prix de nos cotonnades, quand elle sont terminées et prêtes pour la vente, est l'équivalent « du coût de production (2)». Dans le coût de production entre l'entretien des bâtiments, l'achat de la matière première, l'usure des broches et des machines, les matières consommées pendant la production et pour la production (comme le charbon et le gaz), le travail de ceux qui ont surveillé et dirigé la production et enfin le travail de l'ouvrier.

Par conséquent encore le travail de l'ouvrier représente dans la valeur du produit manufacturé *tout* ce qui reste de cette valeur lorsqu'on a prélevé les déboursés faits pour l'achat des matières premières et des matières consommées, les frais proportionnels d'entretien, les dépenses nécessitées par l'usure des broches et des machines et la rétribution due à ceux qui ont présidé à la fabrication. Le travail dont l'ouvrier a « imbibé » le filé de coton lui appartenant en entier, il a droit de toucher *toute* la valeur du tissu confectionné, après qu'ont été opérées les retenues qui viennent d'être indiquées. Mais le patron, en dehors de ces re-

(1) Les collectivistes ont cette autre formule qui est équivalente à celle qui vient d'être citée : *L'ouvrier doit pouvoir racheter le produit avec le prix de sa journée.*

(2) KARL MARX : *Le Capital*, ch VIII. p. 80.

tenues qui représentent simplement les déboursés qu'il a faits et dans lesquels il est juste qu'il rentre, prélève toujours de quoi s'assurer des *bénéfices* plus considérables. Ces bénéfices sont donc pris sur la part qui, en stricte justice, revient à l'ouvrier. *Pour que celui-ci perçut un salaire véritablement équitable, il faudrait ajouter à ce qu'on lui donne actuellement les profits que s'arroge le patron ou le capitaliste.*

II. — Réfutation de la thèse socialiste.

On ne saurait contester que dans des cas, toujours trop nombreux, le Capital ne se soit fait la part du lion et que certains Patrons n'aient pratiqué sur le fruit du travail de leurs ouvriers des prélèvements exagérés ; mais on ne saurait soutenir que le Capital n'a d'autre droit sur le produit manufacturé que le droit du recouvrement strict des avances qu'il a faites, et que le Patron ne peut, en aucun cas, sans injustice réaliser des profits. Cela reviendrait à soutenir que, dans aucun cas, on ne peut légitimement retirer un intérêt de son argent, et cette thèse n'est pas défendable.

1° *Le Patron peut légitimement retenir une partie des bénéfices, en raison de la part qu'il prend à leur production.* — Trois éléments concourent, dans une proportion variable, à produire les objets matériels. Ce sont : le travail musculaire, le travail intellectuel, le capital. Chacun de ces facteurs a des droits réels, quoique souvent pas aisés à préciser. Ils sont tous également respectables. Le Patron n'est pas toujours qu'un simple bailleur de fonds, dans bien des cas il surveille lui-même son exploitation ou son usine, il la dirige, il a un rôle considérable, prépondérant même, dans son fonctionnement régulier. Le succès final de l'entreprise, dont il est pour ainsi dire l'âme, dépend en très grande partie de lui. C'est lui encore qui se préoccupe de l'écoulement du produit, qui cherche les débouchés les plus avantageux, qui prépare et passe les marchés, enfin assure par son activité et son savoir faire la prospérité de son industrie. Il est le premier travailleur de son usine. Son travail pour être purement intellectuel n'est pas moins fécond que le travail musculaire de ses ouvriers et a par conséquent au moins autant que lui droit à une part du profit. — La chose est si évidente que les *socialistes* eux-mêmes sont obligés de l'admettre. Ils s'appliquent seulement à diminuer l'importance de la coopération patronale afin de pouvoir diminuer sa part dans le partage des profits.

2° *Le Patron, ne serait-il qu'un simple bailleur de fonds, pourrait encore légitimement retenir une partie des bénéfices, en raison des risques que courent les capitaux par lui engagés dans l'entreprise.* L'ouvrier est toujours payé intégralement et payé dans le cours même de la production. Que la marchandise s'écoule ensuite ou qu'elle reste en magasins; qu'elle se vende à un taux élevé ou qu'elle se donne à un vil prix, peu lui importe pratiquement. Il se trouve à l'abri des surprises et n'est exposé à aucune perte. — Il en est tout différemment du patron. Il ne rentre dans ses fonds que lorsque la marchandise est vendue. Pour ne pas la vendre dans des conditions trop défavorables, il peut être forcé de la garder un temps considérable, et il est possible que, même après l'avoir gardée longtemps, il soit obligé de la céder à un prix inférieur au prix de revient. On ne saurait trouver mauvais que, pour faire face à ces imprévus et se couvrir contre des pertes toujours possibles, le patron ne retienne pas uniquement le strict équivalent de ce qu'il a déboursé pour la production. Il est tout naturel qu'il prélève en outre sur la valeur du produit de quoi parer aux fluctuations du marché, contrebalancer les risques courus et constituer comme une *compensation de la perte éventuelle* des capitaux engagés dans l'entreprise.

3° *N'y aurait-il aucun risque à courir, le capitaliste aurait le droit de tirer un certain bénéfice des capitaux engagés dans une entreprise.* L'argent peut être considéré à un double point de vue, ou comme moyen *d'échange* ou comme moyen de *production* (1). Consi-

(1) « Quamdiu pecunia remanet mera pecunia seu instrumentum permutationis essentialiter infructuosa est, sed si evadit *capitale* lucrum gignit, neque fœnus percipere injustum est, nisi sit excedens... » LEHMKUHL : *Theologia moralis,* t. I, n° 1105.

déré comme moyen d'échange, il est essentiellement improductif. Son absolue stérilité est incontestable. Il en est autrement si on le considère comme moyen de production. Non pas qu'on puisse comparer la *vertu productive* du capital à celle du travail ou même seulement à celle de la nature, car il n'est pas, comme eux, producteur *immédiatement et par lui-même*. Il est producteur *indirectement et médiatement*, en ce sens qu'il permet à l'ouvrier d'exercer son activité en lui fournissant des matières premières et confère à son travail un degré de productivité qu'il n'aurait pas sans lui, en mettant à sa disposition un outillage perfectionné qui centuple parfois ses moyens.

Le capitaliste cède une utilité économique, un moyen d'acquérir la richesse, un auxiliaire indispensable du travail, il a droit par conséquent à une juste rémunération. Je mets à la disposition de quelqu'un un atelier, une machine ou un métier, une somme qui permet à ce quelqu'un de gagner de l'argent, en réalité je lui cède l'usage d'une chose à moi, je lui rends un service utile pour lui et onéreux pour moi ; rien de plus juste que d'exiger en retour une compensation proportionnée.

Un ouvrier tisseur, s'il n'a que son bras et son mauvais métier de famille, fera à peine quatre mètres d'étoffe par jour, si on lui fournit un métier perfectionné et actionné par la vapeur ou l'électricité, sans se donner plus de peine et s'imposer un travail plus considérable, il pourra dans le même temps produire quinze mètres du même tissu. Peut-il revendiquer « l'intégralité du produit » ? Peut-il dire que tout est le fruit exclusif de son travail ? N'est-il pas redevable au patron ou au capitaliste de 11 mètres qu'il a pu faire en plus grâce à un meilleur outillage. Ce patron ou ce capitaliste ne sauraient-ils sans injustice revendiquer quelque chose de cette partie du produit ? Poser la question, c'est la résoudre, et il est incontestable, quoi qu'en disent les collectivistes, que le salaire peut être juste alors même que l'ouvrier ne puisse « racheter avec le prix de sa journée l'intégralité du produit qu'il a fabriqué ».

CHAPITRE IV

LE JUSTE SALAIRE ET LES VUES DE LA NATURE

I. — Un droit naturel de l'ouvrier.

L'école *malthusienne* partant de ce principe que la pauvreté est le plus grand des maux dont puisse souffrir une société, et que la pauvreté a sa cause principale dans un surdéveloppement de la population, préconise la réduction des naissances parmi les pauvres qu'elle condamne au célibat forcé. « C'est, dit-elle, le devoir de tout individu de l'espèce humaine de ne songer au mariage que l'orsqu'il a de quoi subvenir aux besoins de sa progéniture (1). » Et aux imprudents qui passent outre et malgré l'absence de ressources contractent mariage, elle recommande, à défaut de la *continence* conjugale, dont elle est bien forcée d'admettre l'impossibilité dans la plupart des cas, la *prévoyance* conjugale, c'est-à-dire, la stérilité systématique, la limitation volontaire de la fécondité, car « c'est un crime social pour les personnes mariées d'avoir plus d'enfants qu'elles ne peuvent en élever confortablement (2) ».

Cette doctrine est simplement fausse, immorale, monstrueuse et antinaturelle. Dieu qui a ordonné à l'humanité de se perpétuer et a dit à tous en la personne de nos premiers parents : *crescite et multiplicamini* (3) a conféré à chaque homme le droit de se créer un foyer et de se donner une famille. Il n'a pas fait de distinction entre le riche et le pauvre, le patron et l'ouvrier. Le droit

(1) MALTHUS : *Essai sur le principe de population,* p. 474.

(2) Cinquième article des statuts de la *malthusian league,* fondée à Londres en 1875.

(3) Genèse, ch. ı, v. 28.

est le même pour tous. Que tous, avant d'entrer dans
l'état de mariage, doivent considérer s'ils ont au moins
une espérance fondée de pouvoir soutenir les charges
d'une famille, c'est là une de ces bonnes vérités que
personne, même avant Malthus, n'a songé à mettre en
doute. Mais que le mariage soit un article de luxe à la
portée des fortunés seuls et qu'on ne puisse appeler à
la vie un enfant qu'après avoir au préalable constitué
un titre de rente suffisant pour lui assurer un « confor-
table » avenir, est une théorie contre laquelle protes-
tent le bon sens, la morale et la nature.

II. — Devoir naturel qui résulte pour l'ouvrier de l'exercice du droit précédant.

A l'exercice du *droit* de se créer un foyer et de se
donner des enfants Dieu a attaché, pour l'ouvrier
comme pour le patron, des *devoirs*. Parmi ces devoirs
vient en premier lieu celui de fournir à sa femme et à
ses enfants, jusqu'au jour ou ceux-ci peuvent se suffire
à eux-mêmes, ce dont ils ont besoin pour vivre d'une
façon convenable. Le droit de fonder une famille a
comme conséquence naturelle le devoir de l'entretenir,
de l'élever, de la pourvoir, de subvenir à ses divers
besoins. Le père est tenu de lui assurer la nourriture,
le vêtement, le logement, une éducation en rapport
avec sa position, les moyens de gagner plus tard honnêtement sa vie.

Nous n'entendons pas dire qu'il soit tenu de le faire
toujours *seul* et que toutes les charges de la famille
pèsent exclusivement sur lui, mais ces charges lui incombent à lui avant tout autre et souvent il ne doit
compter que sur lui pour leur faire face. La plupart
du temps sa femme trop prise par les soins du ménage, ses enfants trop jeunes ne peuvent lui prêter aucun concours sérieux pour gagner le pain du jour et
celui du lendemain.

III. — Moyens donnés à l'ouvrier par la nature pour s'acquitter de ce devoir.

La Providence toujours infiniment sage n'a pas imposé aux pères un pareil *devoir* sans leur fournir en

même temps les *moyens* nécessaires pour s'en acquitter convenablement.

Le riche a sa fortune, mais le pauvre n'a que ses bras, et c'est avec son salaire qu'il doit subvenir à ses besoins et aux besoins des siens. Il doit demander au travail les ressources qui lui permettront de procurer à ses enfants, à défaut d'un bien-être considérable, un pain quotidien suffisant et les moyens de se faire un avenir sortable. Ces situations sociales inférieures sont voulues par Dieu. Il entre dans son plan qu'il y ait des riches et des pauvres, des patrons et des ouvriers ; et si à ces derniers il n'a accordé que leurs bras et leur puissance de travail, il s'en suit qu'il entend que ces bras et ce travail soient assez rémunérés pour permettre de faire face aux obligations et aux charges que la nature a imposées à l'ouvrier.

Si l'ouvrier marié et père de famille ne pouvait pas tirer de son salaire le nécessaire, il serait réduit ou à attendre ce nécessaire de la charité, ou à s'en passer, ou à recourir aux monstrueux procédés de la « prévoyance » malthusienne. — La Providence n'a pas pu vouloir qu'une classe qui forme plus de la moitié du genre humain fut obligée de tendre la main pour vivre convenablement. La charité est destinée à venir en aide à ceux qui se trouvent dans des situations exceptionnelles, et, même ainsi réduit, le nombre de ses clients sera toujours énorme. La dignité de l'homme semble demander que, tant qu'il est dans des conditions normales, il suffise lui-même à ses besoins et n'en attende pas la légitime satisfaction de la générosité ou du bon vouloir de ses semblables (1). — La Providence n'a pas pu vouloir davantage que cette même classe soit condamnée à vivre dans la misère et à ne procréer que des malheureux. — Encore moins a-t-elle pu vouloir que, pour s'éviter des charges qu'il se-

---

(1) « Le plan divin exige que l'ouvrier puisse vivre de son labeur et non de la simple charité. Celle-ci se traduisant par l'aumône dans la généralité des cas, a pour objet le malade, l'infirme, le vieillard, l'enfant ou quelquefois le père de famille sur qui pèsent des charges excessives ». MARTIN SJ. *Etudes* de février 1892.

rait incapable de porter, l'ouvrier recoure à des pratiques qui constituent un mepris de ses lois et une injure à la nature. — Il faut donc que le pauvre et l'ouvrier puissent régulièrement retirer de leur travail une rémunération suffisante pour leur permettre de subvenir non pas seulement à leurs besoins personnels, mais aux besoins ordinaires de la famille qu'ils ont le droit et parfois le devoir de fonder.

IV. — Conclusion des données qui précèdent.

De tout ce qui vient d'être dit il résulte que d'après les vues de la nature :

1° *L'ouvrier se trouvant dans des conditions normales doit recevoir un salaire au moins suffisant pour assurer sa subsistance personnelle.* « Que le patron et l'ouvrier dit Léon XIII, fassent tant et de telles conditions qu'il leur plaira, qu'ils tombent d'accord notamment sur le chiffre du salaire : au-dessus de leur libre volonté il est une loi de justice naturelle, plus élevée et plus ancienne, à savoir que le salaire ne doit pas être insuffisant à faire subsister l'ouvrier sobre et honnète... Le devoir de conserver son existence confère au prolétaire le droit d exiger en retour de son travail l'équivalence de sa subsistance.... parce que le travail est de par la nature le moyen nécessaire pour l'ouvrier, de se procurer ce qui est requis à l'entretien de la vie. (1) » — Sur ce point ne saurait exister le moindre doute. La justice commutative exige l'équivalence objective entre ce qui est donné et ce qui est reçu quand il s'agit d'un contrat de vente ou de louage ; or l'ouvrier dépense ses forces et une partie de sa vie au service du patron ; il a donc droit de recevoir une compensation qui lui permette de réparer ses forces et de conserver sa vie. « Il faut de toute nécessité, dit Adam Smith lui-même, qu'un homme vive de son travail et que son salaire suffise au moins à sa subsistance » et allant plus loin il ajoute « il fait même quelque chose de plus dans la plupart des circonstances, autrement il serait impossible au travailleur d'élever une famille (2) ».

(1) Encyclique : *Rerum novarum*
(2) *Richesses des nations*, l. i, ch viii, t i. p. 88.

2° *L'ouvrier sobre et honnête, s'il se trouve dans des conditions normales, doit toucher un salaire suffisant pour faire face aux charges communes qu'imposent au chef d'une famille ordinaire sa situation d'époux et de père.* Léon XIII ne le déclare pas explicitement dans son Encyclique, mais il l'insinue d'une manière suffisamment claire. Sa pensée n'est pas douteuse et ne pouvait pas l'être après tout ce qui vient d'être dit. Il rappelle que « l'ouvrier ne peut se procurer les choses nécessaires à l'entretien de la vie que moyennant le salaire de son travail », mais l'ouvrier a le droit de se marier et se mariant il est tenu d'assurer à sa femme et à ses enfants, incapables de gagner leur subsistance, aussi bien qu'à lui-même « les choses nécessaires à l'entretien de la vie ». — Le souverain Pontife dit que le salaire « ne doit pas être insuffisant à faire subsister l'ouvrier sobre et honnête », mais quand il parle de l'ouvrier, il parle de l'ouvrier tel qu'il a le droit d'être et tel qu'il est habituellement, c'est-à-dire marié et père de famille ; et la subsistance nécessaire au père de famille ne comprend pas seulement sa subsistance personnelle, elle comprend encore la subsistance des siens.

3° *Pourtant l'ouvrier époux et père n'est pas tenu de subvenir seul et toujours par son travail à toutes les charges d'une famille même ordinaire.* La plus grande partie des charges reposent toujours sur lui, et son salaire doit subvenir à la plupart des besoins de la famille. Il y a même des périodes durant lesquelles seul il peut travailler. Tant que les enfants sont jeunes, non seulement ils ne gagnent rien, mais ils prennent tous les instants de leur mère qui peut tout au plus alors suffire aux soins du ménage. Mais lorsqu'ils ont grandi il leur est possible de venir un peu en aide à leur père et ils laissent à leur mère des loisirs qui lui permettent de faire quelque travail. Moins que personne nous préconisons le travail de la femme hors du foyer domestique. La jeter dans un atelier ou une usine offre autant d'inconvénients au point de vue matériel qu'au point de vue moral. La preuve en est faite depuis longtemps. Mais à la maison la femme peut exécuter certains travaux dont le prix viendra s'ajouter au salaire du mari et améliorer le modeste budget de la famille. La nature demande seulement que dans les circonstances ordinaires chaque famille puisse trouver dans son travail de quoi subvenir à ses nécessités. Elle réclame bien un *salaire familial* mais elle ne paraît réclamer que le salaire *familial collectif*.

4° *A plus forte raison le salaire de l'ouvrier époux et père, ne doit-il pas nécessairement sous peine d'être injuste, se trouver suffisant pour faire subsister une famille placée dans des conditions exceptionnelles comme nombre, santé et besoin.* Les partisans du *salaire familial relatif* veulent, avons-nous vu, que tout ouvrier reçoive un salaire suffisant pour le faire vivre avec toute sa famille, quelque soit le nombre des membres de cette famille et quelque considérables que se trouvent ses besoins.

Cette thèse ne soutient pas la discussion. Elle peut tout au plus être présentée comme un simple vœu, comme un rêve généreux dont la réalisation est évidemment impossible à moins d'un remaniement total de l'ordre économique et de l'ordre social actuels. Encore faudrait-il admettre que dans ce cas tout ouvrier, qu'il soit célibataire ou marié, tirera de son travail un salaire capable de faire vivre la famille la plus nombreuse et la plus grevée de charges.

Prétendre que le salaire doit être proportionné non au travail, mais aux besoins de l'ouvrier, c'est aller, nous l'avons déjà dit, contre la justice commutative méconnaître les vrais intérêts du travailleur chargé de famille et exposer l'ouvrier à s'abandonner à des pratiques que réprouve la morale. — C'est *aller contre la justice commutative* qui, suivant l'expression de Léon XIII, « réclame que le salaire réponde adéquatement au travail. » — C'est *méconnaître les vrais intérêts du travailleur chargé de famille* ; aucun patron ne voudra de lui. Tous ne prendront que des célibataires ou des pères de familles peu nombreuses ; les autres ouvriers, ceux qui ont le plus de besoins, seront écartés de l'usine ou de l'atelier. Au lieu du bien-être, on ne leur assure ainsi que le chômage et la misère. — C'est *exposer l'ouvrier à des pratiques réprouvées par la morale ;* le mariage et les enfants étant un obstacle à l'embauchage, l'ouvrier sera amené à se les interdire et ce sera alors le célibat forcé avec tous les désordres et toutes les hontes qui en sont inséparables dans la classe ouvrière.

Pour fixer le salaire minimum qui d'après les vues de la nature devrait revenir au travailleur, il ne faut donc pas se baser sur les besoins de chaque ouvrier *en particulier*, mais sur les besoins ordinaires des ouvriers considérés dans leur *généralité* et dans le milieu où ils se trouvent. Toute loi, qu'elle soit divine ou humaine, vise essentiellement et avant tout l'ensemble d'une collectivité. Elle n'est pas faite pour les cas spéciaux, elle est faite pour les cas communs et pour les hommes se trouvant dans une situation normale. Les situations sortant de l'ordinaire lui échappent, elles tombent dans l'exception et quoique le législateur ne s'en désintéresse pas, il ne peut baser sur elles les lois qu'il arrête. — Par conséquent si un père de famille, ou manque de santé, ou a des enfants très nombreux, ou est particulièrement éprouvé par la maladie des siens, la charité a à intervenir alors pour suppléer à l'insuffisance du salaire et permettre de faire face aux besoins de cet intérieur ouvrier.

En résumé, la Providence ne demande pas — ce qui serait une absurdité — qu'un salaire plus considérable soit payé au père de famille qu'au célibataire uniquement parce qu'il est père de famille ; elle ne demande pas davantage que le salaire des pères de famille suive une échelle ascendante et soit toujours proportionné au nombre des enfants ; elle ne demande pas non plus que le salaire d'un père de famille, même laborieux, sobre et honnête soit suffisant pour subvenir aux nécessités d'une famille exceptionnellement nombreuse ou exceptionnellement éprouvée ; mais elle demande que tout bon ouvrier, peu importe qu'il soit célibataire ou marié, puisse retirer de son travail une rémunération capable de faire vivre une famille se trouvant dans des conditions ordinaires.

Voilà ce que désire la nature, ce qui devrait arriver si ses vues n'étaient pas méconnues et ses préceptes violés. Mais s'en suit-il que tout patron qui ne donne pas un pareil salaire à ses ouvriers pèche toujours contre la justice ? C'est cette question pratique qu'il reste à aborder.

CHAPITRE V

LE JUSTE SALAIRE ET LA PRATIQUE

I. — Les salaires actuellement payés et les besoins de l'ouvrier.

Il faut bien avouer que dans les deux derniers siècles le salaire *nominal* a constamment suivi un mouvement de hausse.

Moreau de Jomès, bien connu pour l'exactitude de ses statistiques, estime le salaire moyen annuel à 135 francs en 1700, à 161 en 1780, à 400 en 1813, à 500 en 1840. On l'estime aujourd'hui à 800 ou 900 francs. Et pourtant la situation des travailleurs n'est guère meilleure actuellement qu'elle n'était il y a deux cents ans. Le salaire *réel* ne s'est pas accru comme le salaire *nominal*. L'ouvrier gagne davantage, mais est obligé de dépenser beaucoup plus pour sa subsistance. A l'exception des objets manufacturés, tout a augmenté de prix dans des proportions considérables, tellement considérables que la hausse des salaires est peu supérieure et souvent se trouve inférieure à la hausse survenue dans le prix des matières nécessaires à la vie. De plus les besoins de l'ouvrier augmentent avec les progrès de la civilisation. Ce qui constituait autrefois un convenable entretien ne suffit plus aujourd'hui, et la conclusion qui se dégage d'une enquête impartiale sur la condition matérielle des ouvriers c'est, suivant les expressions mêmes de Léon XIII, « que les hommes des classes inférieures sont pour la plupart dans une situation d'infortune et de misère imméritée. »

Généralement le salaire des ouvriers adultes est suffisant pour assurer leur entretien personnel. — Tout aussi généralement le salaire des femmes reste au-dessous du minimum indispensable. Il n'est trop souvent qu'un vrai *salaire de famine*. Il ne suffit pas pour les faire vivre même très modestement. Elles se trouvent ainsi condamnées ou à la misère ou à l'inconduite. — Quelques rares travailleurs seuls, travailleurs qui forment comme l'aristocratie de la classe ouvrière et exercent des métiers mieux rétribués parce qu'ils demandent une habileté technique plus considérable, trouvent dans leur salaire journalier les ressources suffisantes pour entretenir une famille dans des conditions convenables et constituer un petit fond de réserve pour les mauvais jours. — « Un grand nombre d'ouvriers reçoivent un salaire assez élevé, y compris le concours modéré de la femme, pour équilibrer le budget de famille, mais sans qu'il y reste aucune place pour l'épargne ou pour des dépenses imprévues. Parmi celles-ci on peut citer le chômage accidentel et la maladie. Dans de telles conditions la gêne et la misère sont toujours à la porte du foyer (1). — Dans un certain nombre de cas le salaire est tellement maigre que, même sans chômage et pour un travail prolongé à l'excès, il reste au-dessous de ce qui est nécessaire à l'entretien de la famille, réduite dès lors à souffrir de la faim ou à se livrer à la mendicité (2). »

Il serait injuste de ne pas reconnaître que depuis cinquante ans les patrons se sont imposés de gros sacrifices pour améliorer la situation de leurs ouvriers et suppléer à l'insuffisance des salaires. Ils ont établi ou subventionné des hôpitaux pour les malades, des asiles pour les vieillards, des caisses de retraite ou

______

(1) « Aujourd'hui une famille rangée, économe, laborieuse, dont les membres sont bien portant et à qui le travail ne manque pas, peut suffire à ses besoins ; mais dès qu'une de ces conditions n'est pas remplie, les privations commencent. » *Journal officiel* de la République française du 14 août 1875. — Extrait du *Rapport sur la situation des classes ouvrières* présenté à la Chambre des Députés.

(2) Lehmkuhl : *Die Sociale Frage*, p. 37. — Cf. P. Antoine. S. J. *Cours d'Économie Sociale*, p. 622.

d'assurance, des associations coopératives de consommation et d'autres institutions ayant toutes pour but le bien-être matériel de leur personnel.

II. — Obligations de justice des patrons par rapport au salaire.

1° *Toutes les fois qu'il le peut* (1), *le patron est tenu en justice de donner à l'ouvrier qui travaille normalement, un salaire suffisant pour faire face aux charges qui incombent au père d'une famille ordinaire.* « De fait, dit Lehmkuhl, le tarif du salaire est injuste toutes les fois qu'en règle générale il ne peut suffire à l'entretien de l'ouvrier et de sa famille, et que d'ailleurs, les bénéfices de l'entrepreneur permettent une concession de salaire plus élevé (2). » D'après la loi naturelle, en effet, l'ouvrier a le droit, ainsi qu'il a été établi plus haut, de tirer de son travail les ressources indispensables pour assurer sa subsistance et la subsistance des siens. Ce droit importe comme corrollaire rigoureux le devoir pour le patron de donner, *à moins d'impossibilité morale ne provenant pas de son fait,* à son personnel un salaire suffisant. En ne le faisant pas il viole un droit véritable et par conséquent se rend coupable d'injustice. — Il ne saurait donc légitimement profiter de ce qu'il y a surabondance de bras sur le marché pour obtenir du travail au rabais. L'ouvrier consentirait-il ce rabais, le patron ne pourrait se retrancher derrière l'axiome : *Scienti et volenti non fit injuria,* et se considérer comme parfaitement en règle avec la stricte justice. Il ne doit pas oublier que l'ouvrier ayant besoin de tout son salaire pour subvenir à des nécessités qu'il a le *devoir* de satisfaire n'est pas libre de renoncer à une partie de la rémunération due à son travail. — Encore moins le patron peut-il sans injustice spéculer sur la misère et sur l'absolu besoin de travailler d'un ouvrier. « Lorsque celui-ci, contraint par la nécessité

(1) Toutes les fois qu'il le peut, c'est-à dire lorsque les conditions économiques du pays où se fait le travail le permettent.

(2) *Die Sociale Frage,* p. 35.

ou poussé par la crainte d'un mal plus grand, accepte des conditions qu'il ne lui est pas loisible de refuser (1), » son acceptation ne saurait l'engager, elle est donnée sans la liberté requise pour tout contrat, elle est nulle. « Que le patron et l'ouvrier fassent donc tant et de telles conventions qu'il leur plaira, qu'ils tombent d'accord notamment sur le chiffre du salaire ; au-dessus de leur libre volonté, il est une loi de justice naturelle plus élevée et plus ancienne, à savoir que le salaire ne doit pas être insuffisant à faire subsister l'ouvrier sobre et honnête (2). »

2° *S'il ne peut pas donner un salaire en rapport avec les besoins du travailleur le patron est au moins tenu, et en justice stricte, de donner un salaire égal au rendement du travail exécuté.* Le contrat de travail est un contrat commutatif, il suppose et exige équivalence absolue entre ce que chacun des contractants donne et ce qu'il reçoit. C'est ce que Léon XIII a déclaré dans cette allocution du 19 septembre 1891 qu'il avait fait annoncer d'avance comme un commentaire de son Encyclique *Rerum novarum.* « La solution de la question ouvrière est de sa nature liée aux préceptes de la parfaite justice, qui réclame que le salaire réponde adéquatement au travail. » — A cause des fluctuations du marché il n'est pas facile d'évaluer exactement le rendement du travail. Quand il y a un prix *légal* ou un prix *courant* nettement déterminé, ce sont ces prix qui donnent la valeur marchande du produit et permettent d'arriver à la fixation équitable de la valeur du travail qui y est incorporé. — Quand ces prix n'existent pas, l'*équivalence objective* réclamée par la justice doit être fixée par les intéressés eux-mêmes agissant en dehors de toute fraude et de toute pression ; c'est-à-dire par les ouvriers et par les patrons discutant leurs affaires avec une égale indépendance et une entière loyauté.

III. — Limitation des obligations de justice des patrons par rapport au salaire.

1° *Le patron n'est pas toujours tenu en justice de*

(1) Léon XIII : *Encyclique Rerum Novarum.*
(2) Id.   id

donner un salaire qui permette de subvenir à toutes les charges familiales de l'ouvrier. Il n'est tenu de le donner que lorsque la chose lui est rendue possible par les rendements de son industrie ou de son commerce. L'industrie et le commerce traversent une crise aiguë, les producteurs, soit d'un même pays soit de pays différents, se font les uns aux autres une concurrence acharnée. Ils s'arrachent la clientèle et pour se trouver des débouchés ils livrent leur marchandise à des prix d'un bon marché désastreux. Pour lutter contre des rivaux sans cesse appliqués à les supplanter, les fabricants et les autres producteurs sont forcés de vendre à des conditions bien peu rémunératrices. Par suite, ils se trouvent contraints de réduire les prix de revient et de diminuer les salaires.

S'ils ne donnent pas le salaire voulu par la nature à l'ouvrier, la faute n'en est pas à eux ; elle est surtout aux circonstances. Souvent ils ne peuvent faire mieux sans s'exposer ou à la faillite ou à la fermeture de leurs usines, et ils ne sont pas tenus d'aller jusque là. On ne saurait les obliger pour assurer à leurs ouvriers le salaire naturel minimum de se condamner à des pertes ou même seulement à se passer de tout bénéfice personnel. Eux aussi ont à assurer leur subsistance et celle de leur famille. — Cependant il ne serait pas équitable de faire supporter au Travail seul les désolantes conséquences de la crise économique que nous traversons ; le Capital doit en prendre sa part. Il doit savoir se contenter de profits moins considérables que ceux qu'on réalisait autrefois et faire au Travail un lot convenable dans le partage des bénéfices.

Les ouvriers ne retirant pas de leur travail ce qu'il devrait leur rapporter d'après l'ordre providentiel, se trouvent par là lésés dans leurs droits, mais cette sorte d'injustice n'est pas imputable, dans bien des cas, au patron. Les coupables, si on peut les appeler ainsi, sont habituellement la concurrence effrénée, la spéculation à outrance, la révolution opérée par l'entrée en scène du machinisme, les exigences d'une consommation qui veut du bon marché, l'application de la doctrine *du laisser faire et du laisser passer* et mille autres causes plus faciles à constater qu'à supprimer et dont le patron a à souffrir presqu'autant que l'ouvrier.

2° Le patron a satisfait à tout ce que la justice stricte demande de lui quand il a donné un salaire égal au rendement du travail. — Le savant cardinal *de Lugo* n'était que le fidèle écho de toute l'École lorsqu'il écrivait : « n'est pas toujours injuste le salaire qui ne suffit pas pour la nourriture et le vêtement du serviteur ; et à bien plus forte raison qui ne donne pas au serviteur de quoi s'entretenir, lui, sa femme, et ses enfants *parce qu'on ne trouve pas que le service mérite une aussi grande récompense* (1). » Une parfaite égalité entre le *service* et la *récompense* voilà ce qu'exige la justice. L'ouvrier a le droit de demander qu'on lui donne l'équivalent de ce qu'il fournit, mais il ne saurait légitimement réclamer au delà, si ce n'est au nom de la charité ou d'une certaine équité.

C'est ce que le cardinal Zigliara, chargé par la Curie romaine d'étudier diverses questions posées par l'Archevêque de Malines, répondait en août 1891. « Par cela même qu'on observe l'égalité entre le salaire et le travail, on satisfait pleinement aux exigences de la justice commutative. » Cette réponse concorde avec toutes les données de la théologie, du droit et du sens commun.

3° On peut considérer comme pratiquement convenable et juste le salaire qui a été débattu et accepté par le travailleur connaissant le prix de son labeur et agissant en dehors de toute contrainte morale. Il est bien difficile que le salaire accepté dans de semblables conditions s'écarte sensiblement de la valeur réelle du travail fourni. Un accord ainsi établi entre patrons et ouvriers offre toutes les garanties désirables d'équité, il doit être considéré par tous comme réellement valable, sous peine de n'avoir pratiquement aucun moyen de juger de la suffisance ou de l'insuffisance d'un salaire.

Le patron a donc satisfait à ce que la justice stricte

(1) « Non semper injustam esse mercedem quæ non sufficit ad victum et vestitum famuli, et multo minus qua non possit famulus se suamque uxorem et liberos alere, quia non contingit obsequium non esse tanta mercede dignum. » Tract. de *Justitia.* Dip. xxix. ; n° 62.

demande de lui lorsqu'il a payé le prix débattu et arrêté de la sorte, alors même que ce prix, en raison de circonstances indépendantes de sa volonté, ne serait pas assez élevé pour subvenir aux nécessités communes d'une famille ordinaire. Mais c'est un devoir pour les pouvoirs publics et pour les particuliers de se préoccuper d'un pareil état de choses et de s'appliquer, chacun suivant ses moyens, à porter remède à une situation qui condamne « la plupart des hommes des classes inférieures à une misère imméritée », soulève les colères populaires, fomente les troubles et constitue un péril grave pour la société qui se trouve ébranlée jusque dans ses fondements.

En attendant le jour, très éloigné probablement, où ces efforts communs auront donné des résultats satisfaisants, ceux qui se servent des bras de leurs semblables ne sauraient trop méditer ces paroles de Léon XIII par lesquelles nous voulons terminer cette Etude. « Que le riche et le patron se souviennent qu'exploiter la pauvreté et la misère et spéculer sur l'indigence sont choses que reprouvent également les lois divines et les lois humaines. Ce serait un crime à crier vengeance vers le ciel que de frustrer quelqu'un du prix de ses labeurs : Voilà que le salaire que vous avez dérobé à vos ouvriers, par fraude, crie contre vous et que leur plainte est *montée jusqu'au trône du Dieu des armées. JACQ. V. 4.* » (1).

TABLE DES MATIÈRES

—

PREMIÈRE PARTIE. — Salariés, Salaires, Salariat.

Chap. I. — *Du salarié.* 3
    I. — Ce qu'on entend par salarié . . . 3
    II. — Nombre énorme de salariés . . . 4
Chap. II. — *Du salaire* 5

(1) Encyclique : *Rerum novarum.*

I. — Ce qu'on entend par salaire . . .   5
II. — Modes possibles de rétribution du travail de l'ouvrier.   7
III. — Diverses catégories de salaires. . .   10
IV. — Importance de la question du salaire.   17
Chap. III. — *Du salariat*   20
I. — Notion du salariat.   20
II. — Passé du salariat   21
III. — Inconvénients du salariat. . . .   24
IV. — Avantages du salariat   26
V. — Légitimité du salariat   27
VI. — Avenir du salariat   29

DEUXIÈME PARTIE. — Du juste salaire.

Chap. I. — *Le juste salaire et son estimation* . .   33
I. — Notion du juste salaire   33
II. — Nature spéciale du contrat de travail.   34
III. — Fin première et caractère double du travail   36
IV. — Mesure du salaire : le travail fourni.   37
V. — Base d'estimation du travail fourni .   39
Chap. II. — *Le juste salaire et l'Ecole libérale* . .   42
I. — Exposé de la théorie de l'Ecole libérale sur le juste salaire   42
II. — Réfutation de cette théorie. . . .   43
Chap. III. — *Le juste salaire et l'Ecole socialiste* .   45
I. — Exposé de la théorie de l'Ecole socialiste sur le juste salaire   45
II. — Réfutation de cette théorie   47
Chap. IV. — *Le juste salaire et les vues de la nature.*   50
I. — Un droit naturel de l'ouvrier . . .   50
II. — Devoir naturel découlant de ce droit.   51
III. — Moyens donnés par la nature pour s'acquitter de ce devoir   51
IV. — Conclusion des données précédentes.   53
Chap. V. — *Le juste salaire et la pratique* . . .   57
I. — Les salaires actuellement payés et les besoins de l'ouvrier.   57
II. — Obligations de justice des patrons par rapport au salaire   59
III. — Limitation de ces obligations . . .   60

Imprimerie BUSSIÈRE. — Saint-Amand (Cher)

— **L'Apologétique historique au XIXe siècle. La Critique irréligieuse de Renan**, etc., par l'abbé Ch. Denis. 1 vol.

— **Nature et Histoire de la liberté de conscience**, par l'abbé Canet. 1 vol.

— **L'Animal raisonnable et l'Animal tout court**, par C. de Kirwan. 1 vol.

— **La Conception catholique de l'Enfer**, par l'abbé Brémond. 1 vol.

— **L'Attitude du catholique devant la Science**, par G. Fonsegrive. 1 vol.

— *Du même auteur* : **Le Catholicisme et la Religion de l'Esprit.** 1 vol.

— **Du Doute à la Foi**, par le R. P. Tournebize, S. J. 1 vol.

— *Du même auteur* : **Opinions du jour sur les peines d'outre-tombe.** 1 vol.

— **La Synagogue moderne**, sa doctrine et son culte, par A. F. Saubin. 1 vol.

— *Du même auteur* : **Le Talmud et la Synagogue moderne.** 1 vol.

— **Evolution et Immutabilité de la doctrine religieuse dans l'Eglise**, par M. Prunier, supérieur de grand séminaire. 1 vol.

— **La Religion spirite**, son dogme, sa morale et ses pratiques, par I. Bertrand. 1 vol.

— *Du même auteur* : **L'Occultisme ancien et moderne.** 1 vol.

— **L'Hypnotisme franc et l'Hypnotisme vrai**, par le Docteur Hélot. 1 vol.

— **L'Eglise et le Travail manuel**, par l'abbé Sabatier. 1 vol.

— **Unité de l'espèce humaine**, *prouvée par la similarité des conceptions et des créations de l'homme*, p. le marquis de Nadaillac. 1 vol.

— *Du même auteur :* **L'Homme et le Singe.** 2 vol.

— **Le Socialisme contemporain et la Propriété**, par M. G. Ardant. 1 vol.

— **Pourquoi le Roman à la mode est-il immoral et pourquoi le Roman moral n'est-il pas à la mode ?** p. G. d'Azambuja. 1 vol,

— **Comment se sont formés les Evangiles ?** par le P. Th. Calmes, professeur au grand séminaire de Rouen. 1 vol.

— **L'Impôt et les Théologiens**, *Etude philosophique, morale et économique*, par le comte de Vorges, ancien ministre plénipotentiaire, membre de l'Académie de Saint-Thomas, etc., etc. 1 vol.

— *Du même auteur* : **Les Ressorts de la Volonté et le libre arbitre.** 1 vol.

— **Nécessité mathématique de l'existence de Dieu.** *Explications. — Opinions, Démonstrations*, par René de Cléré. 1 vol.

— **Saint Thomas et la Question juive**, par Simon Deploige, professeur de l'Université Catholique de Louvain. 1 vol.

— **Premiers principes de Sociologie Catholique**, par l'abbé Naudet. 1 vol.

— **La Patrie.** — *Aperçu philosophique et historique*, par J. M. Villefranche. 1 vol.

— **Le Déluge de Noé et les races Prédiluviennes**, par C. de Kirwan. 2 vol.

— **La Saint-Barthélemy**, par Henri Hello. 1 vol.

— **L'Esprit et la Chair.** *Philosophie des macérations*, par Henri Lasserre, auteur de *Notre-Dame de Lourdes*, etc., etc. 1 vol.

— **Le Levier d'Archimède** ou la **Mécanique céleste et le Céleste mécanicien**, par le R. P. Ortolan.   2 vol.

— **Ce que le Christianisme a fait pour la femme**, par G. d'Azambuja.   1 vol.

— **L'Hypnotisme et la Stigmatisation**, par le Dr Imbert-Gourbeyre.   1 vol.

— **L'Education chrétienne de la Démocratie**, *essai d'apologétique sociale*, par Ch. Calippe.   1 vol.

— **La Religion catholique peut-elle être une science ?** par l'abbé G. Frémont.   1 vol.

— *Du même auteur :* **Que l'Orgueil de l'Esprit est le grand écueil de la Foi**, *Théodore Jouffroy, Lamennais, Ernest Renan.*   1 vol.

— **La Révélation devant la Raison**, par F. Verdier, supérieur de Grand Séminaire.   1 vol.

— **Confréries musulmanes.** — *Histoire, Discipline, Hiérarchie*, par le R. P. Petit.   1 vol.

— **Pratique de la Liberté de conscience dans nos Sociétés contemporaines**, par l'abbé Canet   1 vol.

— **Comment peut finir l'univers**, d'après la science, par C. de Kirwan.   1 vol.

— **Les Théories modernes de la criminalité**, par le Docteur Delassus.   1 vol.

— **Faillite du matérialisme** par Pierre Courbet, 3 vol. *se vendant séparément :*

    I. — *Historique*   1 vol.

    II. — *Discussion ; l'atome et le mouvement.*   1 vol.

    III. — *Discussion ; l'éther, les gaz, l'attraction. Conclusion. --Appendice.*   1 vol.

— **Le Globe terrestre**, par A. de Lapparent Membre de l'Institut, professeur à l'Ecole libre des Hautes Etudes, 3 vol. *se vendant séparément.*

    I. — *La Formation de l'écorce terrestre.*   1 vol.

    II. — *La nature des mouvements de l'écorce terrestre.*   1 vol.

    III. — *La Destinée de la terre ferme et la Durée des temps.*   1 vol.

— **De la Connaissance du Beau**, *sa définition, application de cette définition aux beautés de la nature*, par l'abbé Gaborit, archiprêtre de la Cathédrale de Nantes.   1 vol.

— **Le Diable dans l'Hypnotisme**, par le docteur Ch. Hélot. 1 vol.

— **De la Prospérité comparée des nations protestantes et des nations catholiques**, *au point de vue économique, moral, social*, par le R. P. Flamérion, S. J.   1 vol.

— **L'Art et la Morale**, par le P. Sertillanges, dominicain, docteur en théologie.   1 vol.

— **La Sorcellerie**, par I. Bertrand.   1 vol.

— **Qu'est-ce que l'Ecriture sainte ?** *Les Livres inspirés dans l'antiquité chrétienne : Théorie de l'inspiration*, p. le P. Th. Calmes. 1 vol.

— **Les Morts reviennent-ils ?** par I. Bertrand.   1 vol.

(Demander la liste **complète** *des volumes* **Science et Religion,** *parus à ce jour).*

SAINT-AMAND (CHER). — IMPRIMERIE BUSSIÈRE

www.ingramcontent.com/pod-product-compliance
Lightning Source LLC
LaVergne TN
LVHW022313170726
843503LV00006B/2479